# CURACIÓN SOMÁTICA DEL TRAUMA

*Un Curso Intensivo En Casa Para Experimentar La Verdadera
Conciencia Corporal A Través De Secretos Somáticos Que
Cualquiera Puede Aplicar Y Técnicas Secretas Que Tu
Terapeuta No Quiere Que Conozcas*

## ASCENDING VIBRATIONS

Ascending Vibrations

# ÍNDICE

# RECLAMA TUS BONOS (EN INGLÉS)

Para acompañarte en tu viaje espiritual, hemos creado algunos bonos gratuitos que te ayudarán a eliminar el equipaje energético que ya no te resulta útil y a manifestar una vida que se adapte mejor a ti. Los bonos incluyen un curso de video complementario con más de 4 horas y media de contenido empoderador, videos energizantes, poderosas meditaciones guiadas, diarios y más.

Puedes obtener acceso inmediato entrando en el siguiente enlace o escaneando el código QR con tu teléfono móvil.

https://bonus.ascendingvibrations.net

## Bonificación gratuita N° 1: Curso de puesta a punto de tus chakras en 3 pasos

¿Quieres conocer una manera única de enfocarte en los chakras? Eleva tu existencia enfocándote en el subconsciente, lo físico y lo espiritual.

- ¡Descubre un método único de 3 pasos para enfocarte en los chakras que muy pocos conocen!
- Hackea tu cerebro, eleva tu cuerpo, mente y espíritu, y libera los bloqueos que te impiden alcanzar la grandeza.
- Despierta una energía asombrosa para crear una realidad que se adapte mejor a ti.
- Deja de perder tu valioso tiempo con métodos ineficaces

## Bonificación gratuita N° 2: El kit de herramientas de la fórmula secreta de manifestación

¿Has decidido dejar de conformarte con la vida, de perder tu valioso tiempo y estás listo para alcanzar tu máximo potencial?

## Bonificación gratuita N° 3: El kit de herramientas de limpieza espiritual

¿Estás listo para soltar toda la energía negativa que ya no te sirve?

- Libera bloqueos energéticos que podrían estar causando desequilibrios
- Despierta una energía asombrosa para sobrecargar tu aura
- Crea un ambiente energéticamente limpio y harmonioso

## Bonificación gratuita N° 4: Una poderosa meditación guiada de 10 minutos de sanación energética

Todos estos increíbles bonos son 100% gratis. No necesitas ingresar ningún detalle excepto tu dirección de correo electrónico.

Para obtener acceso instantáneo a tus bonos, ve a:

https://bonus.ascendingvibrations.net

# NOTA PARA EL LECTOR

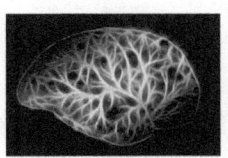

# INTRODUCCIÓN

Es un hecho que muchos de los libros que tratan sobre la terapia de curación somática pretenden ayudar directamente al lector con sus innumerables problemas. Sin embargo, la compleja terminología científica y los ejercicios difíciles de seguir, los cuales son habituales en estos títulos, a menudo pueden dejar al lector perplejo y sin saber qué hacer. Este libro es diferente. Este libro es un manual de autoayuda en el sentido más estricto de la palabra. Nada de lo que aquí he escrito será complicado o desconcertante. Por el contrario, te resultará fácil de entender y aplicar. Si los conceptos contenidos en algunos capítulos son más complicados, serán desglosados de tal manera que cualquier persona nueva en la curación somática sea capaz de entenderlos. No necesitarás un médico o un montón de títulos científicos para entender lo que se intenta transmitir. Este libro es para todo el mundo.

Los ejercicios contenidos en este libro no serán tan difíciles como para que necesites ir a buscar la ayuda de tus vecinos o consultar a un terapeuta somático profesional. Al contrario, serán ejercicios sencillos que cualquier persona, por más joven o mayor que sea, podrá seguir y realizar fácilmente en la seguridad de su hogar.

Entiendo que, si estás interesado en este libro, quizás hayas pasado por experiencias muy estresantes o traumáticas y estés buscando la curación. Recuerda que estoy aquí para apoyarte y animarte en este viaje. Evitaré utilizar un lenguaje particular y mencionar situaciones específicas que podrían desencadenar una recurrencia de ese trauma en ti. Este libro es tu refugio seguro. Deberías poder encontrar siempre esa paz y ese consuelo cuando te sumerjas en él. El mismo será tu guía cuando necesites practicar ejercicios que te ayuden en tu viaje de curación. Ten en cuenta que estos ejercicios no son para hacerlos una sola vez y no volver a repetirlos. Más bien, son ejercicios que puedes utilizar a diario para fomentar la curación en tu interior. No te preocupes, no necesitas adscribirte a ninguna religión mística ni seguir a un líder chamánico para emprender la recuperación. Todo aquí es pragmático y para tu disfrute, conocimiento e iluminación, por lo que no se requiere que cambies todo tu sistema de creencias para obtener beneficios.

También hablaré del trauma y de cómo afecta nuestras vidas. No importa tu edad o sexo, si eres superviviente de una experiencia traumática, este libro está aquí para ayudarte de una forma que no te agobie ni te deprima. Te recordaré que eres una persona única y resiliente y que, si emprendes este viaje de curación, puedes llegar a convertirte en la mejor versión de ti mismo.

## NO SOMOS SOLO NUESTRA MENTE: EL IMPACTO DEL TRAUMA EN NUESTRO CUERPO Y NUESTRA SALUD

El trauma es una experiencia que todos los seres humanos tenemos en común y algo con lo que todos podemos identificarnos. Sufrir un accidente de coche o perder a un ser querido de forma inesperada pueden ser experiencias traumáticas, sin embargo, a veces, el trauma puede no ser tan obvio. Tal vez hayamos entrado en conflicto con un compañero de trabajo; tal vez alguien nos haya insultado o menospreciado. Puede que no parezca gran cosa, pero estas pequeñas circunstancias también pueden ser experiencias traumáticas. El riesgo de sufrir un trauma es algo que nos acompaña todos los días. La respuesta al mismo varía de una persona a otra, ya que depende de cómo reaccione cada cerebro ante esas situaciones en el momento del suceso y en el futuro.

El problema radica en que un trauma no abordado no solo repercute en nuestro cerebro, sino en todo el cuerpo. Los efectos del trauma pueden influir gravemente en nuestro bienestar y nuestra salud, desde la digestión hasta el ritmo cardíaco. Es importante recordar que el trauma no es algo que únicamente afecte nuestra mente; todo nuestro cuerpo y cualquier área de nuestra salud puede sufrir las consecuencias. Eliminar el trauma de nuestro cuerpo y aprender a sanar es esencial. De lo contrario, el mismo puede provocar enfermedades crónicas, como diabetes de tipo 2, artritis reumatoidea y cardiopatías (Richmond, 2018). A mi padre le diagnosticaron artritis reumatoidea al final de su vida. Sabiendo lo que sé ahora sobre el trauma, me pregunto si su enfermedad estuvo relacionada con la muerte de su esposa (mi madre).

Ellos estuvieron juntos durante toda una vida. Decir que la muerte de ella fue un shock para él sería quedarse corto. Si hubiera conocido la terapia de curación somática en aquel momento, quizás hubiera podido ayudar más a mi padre a superar esa experiencia traumática. Sin embargo, todos tenemos reacciones diferentes, así que quiero asegurarte de que el hecho de haber sufrido una experiencia traumática no significa inmediatamente que vayas a padecer una enfermedad. Sin embargo, si no se aborda, existe la posibilidad de que así sea.

Algo como el trauma, a menudo visto como un aspecto mental, se manifiesta en reacciones físicas como dolores de cabeza, tensión muscular, fatiga y problemas estomacales (Richmond, 2018). Me refiero al tipo de dolor físico constante que ninguno de nosotros quiere soportar a menos que sea necesario. El trauma también se manifiesta en nuestras emociones y sentimientos. Ante estas experiencias, algunos de nosotros podemos sentirnos desconcertados; otros, completamente aislados; atrapados; o desesperanzados, como si no tuvieran ningún control sobre sí mismos; y otros, por último, pueden dejar de sentir y de preocuparse por sí mismos y por los demás por completo. El trauma empieza en el cerebro, pero puede repercutir en todo nuestro ser si no aprendemos a curarnos de él. Esa es la información que voy a intentar proporcionarte. Siguiendo los consejos y ejercicios que se ofrecen en este libro, podrás iniciar tu viaje de curación y aprender a transformar tu vida para que el pasado deje de dominarla. Es hora de que dejes de recordar el pasado y te concentres, en cambio, en forjar tu futuro.

# SI ENTIENDES LA TERAPIA SOMÁTICA, ENTONCES ENTIENDES CÓMO ALTERAR TU EXISTENCIA PARA SIEMPRE

La palabra "somático" procede originalmente del griego *soma*, que significa "cuerpo vivo" (Erdelyi, 2019). Esta mirada al origen de la palabra te da una buena idea de lo que es la terapia somática. Se trata de escuchar tanto a tu cuerpo como a tu mente y establecer la conexión entre ambos. Escuchando a nuestro cuerpo y aprendiendo a sanarlo, sanaremos a su vez nuestra mente. La idea que subyace a la terapia somática es que gran parte de lo que sufrimos ahora se debe a traumas pasados. Se cree que gran parte de este trauma ha quedado atrapado en nuestro sistema nervioso. Los síntomas y efectos del trauma que mostramos físicamente son el resultado de la inestabilidad de nuestro sistema nervioso causada por esas experiencias pasadas.

Algunos tachan esta creencia de fantasía y palabrería. Sin embargo, la ciencia respalda esta teoría de que el cuerpo y la mente están conectados. Morrisey cantó una vez la canción de The Smiths *"Still Ill"* (Aún enfermo), cuya letra traducida al español dice así: "¿El cuerpo domina la mente o la mente domina el cuerpo? No lo sé" (Morrisey & Marr, 1984). Sin embargo, cuanta más investigación científica y médica se realiza en este campo, más nos damos cuenta de que la mente y el cuerpo están interconectados y de que el dolor puede funcionar en ambos sentidos. Por ejemplo, un estudio realizado en 2005 concluyó que el dolor de espalda crónico a menudo provocaba cosas como ansiedad y respuestas emocionales extremas (Von Korff et al., 2005). Un estudio realizado en 2020 se centró en cómo el dolor social, es decir, el aislamiento o las experiencias negativas de interacción, pueden provocar dolor físico (Zhang et al., 2020). Por lo tanto, la curación somática se utiliza como terapia porque aborda la mente, el cuerpo, las emociones y los sentimientos. De este modo, la misma no se limita a asumir que el dolor físico solo puede curarse mediante terapia física o que la salud mental solo puede abordarse mediante terapia psicológica.

## PSICOLOGÍA Y PSICOTERAPIA SOMÁTICA

Ha llegado el momento de presentar la psicología y la psicoterapia somática. La psicología somática abarca métodos terapéuticos y holísticos relativos al cuerpo, de los cuales la psicoterapia somática es la rama más amplia.

La psicoterapia somática también abarca el enfoque terapéutico y holístico de la psicología somática. Esta trata de abordar los problemas del cuerpo, la mente y las emociones en el proceso de curación. La creencia es que los pensamientos, la perspectiva, los principios y las emociones de una persona pueden afectar su bienestar físico, y las cosas físicas como la postura, el ejercicio y la dieta pueden afectar mentalmente. Cualquiera que haya visto el documental de 2004 de

Morgan Spurlock, *Super Size Me* (Súper engórdame) sabrá que Morgan tenía muchos problemas físicos de gran alcance causados por comer en una conocida cadena de comida rápida y que también sufría cambios de humor extremos. Su salud mental, y no solo su salud física, se deterioró debido al experimento.

La psicoterapia somática es un método basado en la conexión entre el cuerpo y la mente. Los partidarios de la psicoterapia somática consideran que la mente y el cuerpo son una sola cosa y que cualquier terapia debe abordar ambos factores. Estos creen que la mente y el cuerpo pueden avanzar hacia la curación cuando se les da el enfoque, el entorno, las interacciones sociales, el estímulo y el respeto adecuados. Si es así, la mente y el cuerpo pueden autorregularse para hacer frente al estrés y las tensiones de la vida. De lo contrario, el trauma se almacena en el cuerpo y puede influir en aspectos como la postura, las expresiones faciales y el lenguaje corporal. Las terapias tradicionales, como la terapia conversacional, pueden ayudar con los traumas, pero añadir un enfoque holístico, como las técnicas terapéuticas somáticas, puede hacer maravillas. Lo mismo ocurre con las terapias corporales. Estas pueden abordar problemas físicos e incluso algunos psicológicos, pero no resuelven problemas de salud mental profundamente arraigados.

William Reich suele ser considerado como el creador de las ideas que subyacen a la curación somática. Sin embargo, este se benefició de ser alumno de Sigmund Freud, quien desarrolló las primeras ideas sobre lo que ahora consideramos curación somática. Pierre Janet también fue uno de los primeros en contribuir a este tipo de pensamientos e ideas. Sin embargo, Reich convirtió estos puntos de vista en un concepto mucho más progresista. Él creía que los instintos humanos eran naturalmente buenos. A partir de esa creencia, formó una teoría que incorporaba el cuerpo. El libro de Reich de 1933, *Análisis del carácter*, sugería que el cuerpo se veía afectado por las emociones reprimidas e incluso por la personalidad del individuo. Esto podría resultar en tensión en los músculos y problemas de postura y movimiento. Reich se refirió a esta idea como "armadura corporal". Así pues, llegó a la conclusión de que, para liberar las emociones atrapadas en lo más profundo del cuerpo, había que aplicar algún tipo de fuerza física (Bell, 2017). Aunque algunas de las ideas posteriores de Reich fueron rechazadas por la profesión psicológica, este ya había sentado las bases de la terapia somática. Actualmente, se acepta ampliamente que la mente y el cuerpo están mucho más alineados y no son entidades separadas como se creía antiguamente. Muchos profesionales de la salud mental usan ahora un enfoque más holístico cuando tratan con personas afectadas por traumas.

La psicoterapia somática funciona prestando atención a las señales del cuerpo, no solo a lo que nos dice la mente. Las señales pueden ser tensiones musculares (generalmente en la cabeza, el cuello y los hombros) o manifestarse a través de problemas digestivos, hormonales o sexuales. Los psicoterapeutas somáticos ayudan a la persona a escuchar a su cuerpo y a tomar conciencia de estas señales. Después, asignan la técnica terapéutica que consideren más adecuada para aliviar los problemas. Puede tratarse de ejercicios como técnicas de respiración o de algo sumamente físico, como movimientos propios de la danza. La persona también puede hablar de sus hábitos de comportamiento y tomar nota, en el futuro, del impacto que esos hábitos tienen en los nuevos pensamientos y sentimientos que puedan surgir durante la terapia somática.

Básicamente, la terapia somática puede ayudar a las personas a tomar conciencia de sus cuerpos y mentes y a abrirse y pensar más sobre sus emociones y problemas físicos. Como veremos en algunos capítulos posteriores, la terapia somática se está convirtiendo en la norma para ayudar a quienes han sufrido un trastorno de estrés postraumático (TEPT). Comprender la terapia somática e incluirla en la rutina puede ayudar a abordar una serie de problemas, como el estrés, la ansiedad, la depresión, las dificultades en las relaciones interpersonales o la falta de confianza en uno mismo.

## CONCEPTOS CLAVE DE LA TERAPIA SOMÁTICA

A medida que avancemos, abordaré más detalladamente los conceptos clave de cada capítulo. Sin embargo, en este primer capítulo he querido ofrecerte un breve resumen de estos conceptos esenciales para que tengas ya una comprensión básica cuando profundicemos en estas ideas más adelante.

### Grounding (Enraizamiento)

El grounding o enraizamiento es una técnica corporal que le permite al individuo percibirse a sí mismo en el momento presente. Esta técnica utiliza la capacidad de la persona para percibir su cuerpo físico mediante los sentidos y la sensación de los pies en el suelo. En esencia, el grounding consiste en controlar el sistema nervioso y aprender a sentir la calma.

### Desarrollo de límites

El desarrollo de límites consiste en que la persona se concentre en el aquí y el ahora, dotándola de herramientas para responder positivamente a sus necesidades cambiantes y estableciendo límites claros. Está técnica capacita a la persona para reaccionar con confianza ante situaciones cambiantes y evitar que se sienta abrumada.

### Autoregulación

¡Creo que algunas personas piensan que me vendría bien la autorregulación en lo que respecta a los dulces o el alcohol! Sin embargo, este concepto tiene más que ver con la autorregulación del cuerpo y no necesariamente con la dieta o los hábitos de consumo de alcohol (aunque autorregular ambos nunca es mala idea). El objetivo de este método es que la persona sea consciente y sienta parte de su cuerpo cuando experimente emociones o sensaciones profundas. Así, la persona aprende a autorregular las principales sensaciones físicas, y de este modo, puede controlarlas o responder adecuadamente en momentos de fuerte impacto emocional.

### Movimiento y proceso

Como ya he señalado, la terapia somática consiste en escuchar al cuerpo. Esto implica que la postura, la sensación de espacio, el lenguaje corporal y los gestos, puedan dar una idea precisa del tipo de experiencias vitales por las que ha pasado una persona. El movimiento puede ser una herramienta que ayude a la persona a resolver sus problemas.

### Secuenciación

La secuenciación tiene que ver con la forma en la que la tensión acumulada por las experiencias traumáticas es capaz de desplazarse por el cuerpo. Por ejemplo, la tensión puede empezar en el estómago, ascender por el pecho, que se puede tensar, y seguir subiendo hasta la garganta, donde, de nuevo, puede producirse una tensión que dificulte la respiración. Es probable que la tensión provoque que la persona llore libremente y que le salgan lágrimas de los ojos, lo cual supone un cierto alivio y le permite respirar con más facilidad.

**Titulación**

La "titulación" es un procedimiento que consiste en encontrar pequeñas cantidades de angustia mientras se cura a la persona en general. La persona se adentrará muy lentamente en sus experiencias traumáticas pasadas y, a medida que lo haga, el terapeuta somático examinará las respuestas y sensaciones del cuerpo. Sin embargo, no se limitará a vigilar el aspecto físico, por lo que seguirá hablando con la persona y prestará atención a cosas como la dificultad para respirar, los puños cerrados, el crujir o rechinar de los dientes o una diferencia en el sonido de la voz.

**Asignación de recursos**

La asignación de recursos se refiere a los recursos que se le pueden dar a una persona para que se sienta segura a la hora de tomar decisiones y no llegue a sentirse abrumada y ansiosa. La persona aprenderá a identificar lugares, personas y cosas que le hagan sentirse segura y tranquila, y los utilizará siempre que experimente angustia. Descubrirá cómo sentirse en paz con el mundo y con lo que siente su cuerpo.

## ¿LA PSICOTERAPIA SOMÁTICA TIENE LIMITACIONES?

Aunque la psicoterapia somática es cada vez más común como opción terapéutica para tratar el trauma, quienes se oponen a ella han planteado algunas preocupaciones y limitaciones. Una de estas preocupaciones es la terapia táctil, que a veces puede utilizarse como parte de la terapia somática. Muchos profesionales de la terapia consideran que la terapia táctil tiene implicaciones éticas. Aunque se reconoce que algunas terapias de contacto pueden tener un efecto curativo al reducir el dolor o la tensión, también se reconoce que tocar a algunas víctimas de abusos podría desencadenar su trauma. También existe la posibilidad de que, del mismo modo que tocar puede hacer que el trauma se repita, también puede hacer que algunas personas se sientan muy incómodas o que otras incluso lo encuentren excitante. Esto puede hacer que la persona se desvíe del objetivo de la terapia. También es posible que el paciente acabe transfiriendo al terapeuta sentimientos y emociones que tienen que ver con otra persona u otra cosa; lo contrario también es posible, pues el terapeuta podría transferir sentimientos y emociones que no tienen que ver directamente con el paciente. Por lo tanto, tanto el terapeuta como el paciente tienen que estar de acuerdo en que tocar es una parte aceptable de la terapia, siendo necesario que el paciente esté dispuesto a investigar y desarrollar la conciencia corporal. No todos los cursos de psicoterapia corporal han sido acreditados en algunos países, ya que se considera que no cumplen todos los criterios científicos exigidos. Así pues, a la hora de buscar este tipo específico de terapia, es necesario tener en cuenta dicho aspecto (Bell, 2017).

## DIFERENTES TIPOS DE TERAPIA CONTRA EL TRAUMA

Por último, en este capítulo, esbozaré algunos de los métodos y procedimientos que puedes aplicar en lo que respecta a la terapia somática. Aunque hablaré de ellos más detalladamente en los distintos capítulos del libro, mi intención aquí es darte una idea de lo que podría llamarte la atención o resultarte interesante (aunque todos estos te serán útiles).

### Arteterapia

La arteterapia puede ser una forma útil de tratar los traumas. La misma permite a la persona crear lo que quiera y al ritmo que quiera. Además, incluye elementos visuales y físicos. El arte se convierte entonces en una liberación de ese trauma al tiempo que posibilita que la persona sea más consciente de su cuerpo y de las sensaciones que implica tocar cosas y crear.

### Técnica de liberación emocional (EFT, por sus siglas en inglés) o Tapping

La EFT, también denominada Tapping, utiliza principios similares a los de la acupuntura. Esta técnica sostiene que existen puntos específicos en el cuerpo relacionados con órganos u otras partes internas del cuerpo. Usando los dedos y dando golpecitos en estos puntos se envían mensajes al cerebro. Esto, a su vez, puede aliviar la tensión y la presión acumuladas debido a las experiencias y emociones negativas que una persona haya podido experimentar.

### Terapia de desensibilización y reprocesamiento por movimientos oculares (EMDR)

La terapia EMDR consiste en que la persona reviva su trauma lenta e intermitentemente mientras el terapeuta le indica que mueva los ojos. La lógica que subyace a este método es que es más fácil enfrentarse al recuerdo de experiencias pasadas traumáticas cuando la atención se desvía hacia otra parte. Desviar la atención de este modo produce una respuesta física y emocional mucho menor al trauma.

### Psicología energética

La EFT es un tipo de psicología energética. La psicología

energética consiste en utilizar métodos similares a la acupuntura para intervenir en los puntos energéticos del cuerpo mientras la persona que recibe la terapia se centra en acontecimientos o experiencias traumáticas de su vida.

**Terapia de focalización**

La terapia de focalización consiste en experimentar la sensación que se activa en el cuerpo cada vez que se recuerdan experiencias traumáticas, centrándose en dicha sensación para formar una imagen. Esa imagen puede utilizarse entonces para saber dónde está atascado el trauma y cómo afrontarlo.

**Terapia Gestalt**

La terapia Gestalt consiste en concentrarse en el aquí y el ahora. La misma pretende que la persona deje de pensar constantemente en el pasado y la anima a ser consciente de sus sentimientos y emociones actuales, aconsejándole cómo relacionarlos con los síntomas físicos. Existen varias formas de terapia Gestalt, las cuales explicaré con más detalle más adelante.

**Terapia de imaginación guiada**

"Imagina que estás en una playa y las olas te golpean los pies". Todos hemos oído este tipo de cosas al intentar que la gente se relaje. En eso consiste la terapia de imaginación guiada, en utilizar imágenes para ayudar a las personas a liberarse de la angustia mental y el estrés.

**Mindfulness**

El mindfulness es la práctica de tomar conciencia de los pensamientos y sentimientos tal y como aparecen, sin juzgarlos.

**Psicodrama**

El psicodrama funciona sobre la base de que permite a la

persona decir o hacer lo que sea necesario para que pueda curarse del trauma. Esto implica revivir el trauma, para lo cual pueden aplicarse diversas técnicas. Más adelante hablaré de ello con más detalle.

### Psicoterapia sensomotriz

Este aspecto de la psicoterapia se centra en el cuerpo y en cómo escucharlo y comprenderlo puede ayudar a sanar nuestros traumas.

### Experiencia somática

La experiencia somática también consiste en poner el cuerpo en el centro (específicamente el sistema nervioso), escuchar lo que dice y responder en consecuencia.

### Terapia de danza/movimiento

Como se puede adivinar por su nombre, esta forma de terapia utiliza el movimiento, a menudo la danza. La idea es que la persona sea capaz de expresarse a través de la danza y el movimiento de una forma que nunca podría hacerlo verbalmente; hacer esto puede ayudar a resolver problemas de salud mental.

# 2

# MINDFULNESS SOMÁTICO Y EXPERIMENTACIÓN

## MINDFULNESS SOMÁTICO

E l mindfulness somático es una parte vital de la terapia somática. La conciencia del cuerpo y de su funcionamiento en el aquí y ahora es un elemento fundamental de esta técnica, la cual no se centra en cómo el cuerpo se sintió en el pasado o se sentirá en el futuro. Muchos de nosotros no escuchamos a nuestro cuerpo y no somos conscientes de lo que intenta decirnos. No obstante, tienes la capacidad de apartarte de lo que te dice tu sistema nervioso, que podría estar indicándote que te sientas ansioso, a la defensiva, abrumado o de cualquier manera con la que subconscientemente te sientas más cómodo, incluso si es la realidad la que te hace sentir así.

El mindfulness comenzó como un concepto budista. A lo largo de los siglos, se fue desarrollando lentamente hasta convertirse en algo que los terapeutas y médicos occidentales utilizan a menudo para ayudar con la salud mental.

Andrea Bell cuenta un ejemplo excelente de su experiencia terapéutica. La misma implica a un paciente que provenía de un entorno difícil en el que no podía confiar en nadie. Después de unas cuantas sesiones con él, por razones que no tuvieron nada que ver con el paciente, ella cambió los muebles de su consulta por otros más, a su juicio, cómodos. Sin embargo, cuando él entró y se sentó en la nueva silla, más cómoda y lujosa, sospechó de inmediato y le preguntó a Andrea por qué había cambiado los muebles y si lo hacía a propósito para jugar con su cabeza. Una vez que Andrea le explicó las verdaderas razones del cambio, el chico se relajó y disfrutó de la comodidad de la nueva silla. Esto demuestra que a menudo nos dejamos llevar por nuestros comportamientos y experiencias del pasado y nos olvidamos de disfrutar del presente para luego intentar adivinar cómo será el futuro. En este caso, el chico suponía que las sensaciones de la terapia con Andrea iban a fracasar. Así pues, Andrea trabajó con el chico para distinguir qué sensaciones físicas sentía cuando entraba en la habitación. De este modo, el chico sería capaz de tomar nota de esas reacciones la próxima vez que las tuviera y aprender a escucharlas y a pensar si esa era la respuesta más adecuada. Mientras más se haga eso, más debería apaciguarse la reacción inicial al cambio y, poco a poco, dejar de sentirse como una amenaza (Bell, 2018).

Otro aspecto del mindfulness es que nos enseña a dejar de juzgarnos a nosotros mismos. En lugar de pensar en algo que dijimos o hicimos mal en el pasado mientras seguimos con nuestra vida cotidiana, el mindfulness nos enseña a no juzgarnos tan duramente, nos ayuda a intentar no preocuparnos por cosas del pasado y nos incita a concentrarnos y disfrutar solo del presente.

Sabemos que esto funciona. Si alguna vez has observado a

los atletas antes de una carrera, comprobarás que realizan diversos movimientos y rituales. Lo único que están haciendo es practicar mindfulness para estar realmente en el momento presente y, por lo tanto, relajados y tranquilos, sin que esos pensamientos de duda y ansiedad recorran su mente y se manifiesten en su cuerpo mediante la tensión muscular. Los que más practican mindfulness suelen ser los que ganan la carrera.

Hay muchas pruebas que respaldan el éxito del mindfulness a la hora de ayudar con muchos problemas. Entre otras cosas, puede ayudar a reducir la procrastinación. Un estudio demostró que los que participaron en un curso intensivo de meditación mostraron una gran mejoría en lo que respecta a la procrastinación en comparación con los que no realizaron el curso (Chambers et al., 2008). También hay varios estudios que proclaman la reducción del estrés y la ansiedad como resultado de la práctica de mindfulness. Un estudio de 2010 concluyó que el mindfulness trata eficazmente el estrés, la ansiedad y otros posibles problemas del estado de ánimo (Hoffman et al., 2010).

Y eso no acaba ahí. Un estudio de 2009 sugirió que el mindfulness puede mejorar enormemente la atención y la concentración. Como prueba de esto, aquellos que ya habían practicado mindfulness obtuvieron mejores resultados en ciertas pruebas específicas que los que no lo habían hecho (Moore & Malinowski, 2009).

Además, un estudio de 2007 demostró que los que habían practicado mindfulness se enfrentaban a la visión de imágenes perturbadoras o emocionalmente inductoras mucho mejor que los que no practicaban mindfulness. El estudio concluyó que el mindfulness reduce el impacto de las cosas que tienden a provocar una respuesta emocional (Ortner et al., 2007).

Parece que el mindfulness no solo tiene un buen impacto en uno mismo, sino también en las relaciones con los demás. Un estudio de 2007 descubrió que los practicantes de mindfulness son mucho más capaces de afrontar los conflictos que surgen en las relaciones sentimentales, tienen más probabilidades de tener una relación feliz y satisfactoria y son capaces de comunicarse mejor que los que no lo practican (Barnes et al., 2007).

Uno de los subproductos de la pandemia de COVID-19 y de los numerosos confinamientos que se produjeron en todo el mundo es que ha provocado mucho estrés y ansiedad. Hoy por hoy, se ha vuelto casi imposible disfrutar del presente porque nos preocupamos constantemente por lo que está a la vuelta de la esquina. Pese a eso, el mindfulness somático es algo que puedes introducir con facilidad en tu rutina diaria y lograr así reducir el estrés y la angustia que puedas estar sintiendo. No es algo que te vaya a llevar todo el día. Todo lo que necesitas son 20 o 30 minutos en algún momento del día para relajarte y hacer un balance de ti mismo y del mundo que te rodea. De hecho, puedes estar haciendo otras cosas mientras empiezas a practicar mindfulness. Puedes cepillarte los dientes y pensar en que tienes los pies bien apoyados en el suelo, en la sensación del cepillo en la mano y sobre los dientes y en el movimiento del brazo arriba y abajo o de lado a lado mientras te cepillas.

Hoy en día mucha gente tiene lavavajillas, pero yo no soy de esos. Una ventaja de esto es que puedo practicar mindfulness mientras lavo los platos; puedo concentrarme en la sensación del agua jabonosa en mis manos y en el sonido de los cubiertos contra la vajilla. Lavar los platos es una forma estupenda de ser consciente de las imágenes y los sonidos y aumentar la atención. Si estás guardando la ropa limpia, tómate un momento para olerla y sentirla. Incluso puedes respirar hondo y ser consciente de tu respiración mientras la doblas y la guardas. Si eres fanático del gimnasio (o simplemente vas de vez en cuando), prueba correr en la cinta y no mirar la pantalla en tu próxima visita. En lugar de escuchar música frenética con los auriculares, intenta concentrarte en la sensación de tus pies sobre la cinta mientras te mueves. Concéntrate en tu respiración y en cómo se acelera a medida que avanzas en la cinta.

Teniendo esto en cuenta, ¿cómo se practica específicamente la meditación mindfulness? Lo primero es ponerte cómodo. Busca el asiento más cómodo de tu casa o si lo prefieres siéntate en el suelo. No te rías, pero conozco a algunas personas que prefieren sentarse en el suelo antes que en una silla. Te sientes donde te sientes, tienes que mantener la espalda recta, pero no rígida. Tienes que estar relajado. El lugar que elijas debe ser lo más silencioso posible, ya que no quieres que haya ruidos que te distraigan. Debes llevar ropa lo más cómoda posible, ni demasiado holgada ni demasiado ajustada, para que nada te distraiga de la meditación. Para empezar, tal vez quieras ver si puedes meditar plenamente durante cinco minutos. Ya luego prueba durante 10 minutos, después 15 o 20 minutos y, por último, 30 minutos.

Para empezar, concéntrate en tu respiración. Sé consciente de la misma. Observa cómo se mueve el diafragma hacia dentro y hacia fuera. Observa el aire que entra y sale por tus fosas nasales y boca. Incluso puedes detectar el descenso de la temperatura cuando exhalas el aire en comparación con la inspiración.

El objetivo de la meditación consciente no es necesariamente detener por completo los pensamientos, sino ser consciente de ellos y prestarles atención. No es necesario que intentes ignorarlos o suprimirlos; simplemente fíjate en ellos y mantén la calma, utilizando la respiración para evitar que tu mente se descontrole. Anota cada pensamiento y déjalo pasar, como los productos de una fábrica en una cinta transportadora. Puedes hacer esto tantas veces como necesites a lo largo de la meditación.

Si tu mente se va por las ramas y empiezas a sentir ansiedad o pánico, toma nota de tus pensamientos y de lo que te ha causado estrés. A continuación, vuelve a la respiración: Respira lenta y profundamente. No te juzgues si esto te ocurre a menudo. En el mundo moderno hay muchos artilugios y medios para distraernos. No estamos acostumbrados a estar en silencio, en el presente y conscientes, así que no seas duro contigo mismo. La práctica del mindfulness consiste en volver a la respiración y concentrarse en vivir el momento.

Como ves, puedes adoptar esta práctica en casa. No necesitas estar en la consulta de un terapeuta para ponerte manos a la obra. Si tienes dificultades, hay miles de videos en YouTube y muchas aplicaciones que puedes descargar para ayudarte con tu práctica.

## EXPERIENCIA SOMÁTICA

Peter Levine desarrolló específicamente la experiencia somática (SE) para tratar a quienes sufren traumas. Levine se inspiró tras ver cómo los animales que suelen ser presa fácil se recuperaban rápidamente de cualquier posible ataque. Él observó que estos pasaban por un proceso físico para liberar la energía nerviosa acumulada durante la amenaza. Levine sugirió que los humanos no tienen esa liberación física; el trauma permanece en sus mentes y conduce a pensamientos de ansiedad, vergüenza y muchos otros sentimientos peligrosos. La liberación que Levine cree que se produce en la naturaleza no ocurre esporádicamente en los humanos. La experiencia somática es la respuesta a eso: La misma supone una ayuda a los humanos para procesar el trauma que han sufrido y que ha quedado atrapado en su interior (Osadchey, 2018).

El sistema nervioso de los seres humanos entra en acción cuando nos encontramos en una situación peligrosa, decidiendo nuestra respuesta de lucha, huida o paralización. Esta respuesta es casi instintiva, por lo que no necesitamos pensar. Sin embargo, cuando alguien pasa por una experiencia traumática, sobre todo si esa experiencia está sepultada y no se libera, el sistema nervioso puede empezar a volverse loco. Así, empieza a comportarse como si la persona estuviera constantemente bajo la amenaza de un ataque, de forma que cada situación se convierte en algo potencialmente traumático. La experiencia somática sostiene que enterrar el trauma provoca ciertos síntomas que vemos a menudo, como la ansiedad, la vergüenza y el pudor. Si el cuerpo tiene la oportunidad de procesar realmente la experiencia traumática que ha vivido, estos síntomas no se manifiestan a largo plazo. La experiencia somática busca en gran medida que el cuerpo y el sistema nervioso vuelvan a autorregularse y encuentren armonía y equilibrio.

La experiencia somática gira en torno a los sentimientos y sensaciones que se producen en el cuerpo a fin de tomar conciencia de ellos y comprenderlos. Esto puede intimidar a muchas personas que nunca han pensado en su cuerpo de esta manera; sin embargo, la experiencia puede ser muy gratificante. Una vez que te hayas acostumbrado a estos sentimientos y sensaciones, podrás empezar a notarlos y, cuando se produzcan en el futuro, podrás evitar que tu mente los reprima. Aquí es donde entra en juego la armonía entre tu cerebro y tu cuerpo para permitir la liberación física del trauma que necesitas para permitirte sanar.

Como ocurre con todas las terapias de curación somática, la investigación y las pruebas en este campo son aún recientes, por lo que no existen pruebas concluyentes. No obstante, cada vez hay más pruebas científicas de que la SE tiene un impacto positivo en las personas que han sufrido traumas. Aunque un estudio de 2017 utilizó solo una pequeña cantidad de personas, descubrió que la SE es un tratamiento efectivo, específicamente para aquellos con TEPT (Brom et al, 2017).

Aquí tienes algunos ejercicios de experiencia somática sencillos y fáciles de hacer en casa. Deberías empezar a ver si esta forma de terapia se adapta a ti y marca una diferencia positiva. Lo mejor sería que intentaras hacer el ejercicio durante al menos un minuto; sin embargo, lo ideal sería que le dedicaras bastante más tiempo.

- **1:** Siéntate en tu sillón favorito y observa cómo te sientes. Piensa en cómo están apoyados tus pies en el suelo; muévelos de un lado a otro hasta que sientas que el suelo es solo una extensión de estos. A continuación, piensa en la sensación de tu espalda y tus nalgas sobre la silla y en cómo esta te sostiene. Si estás inclinado hacia delante en la silla, recuéstate y deja que la silla te sujete. Muévete libremente hasta que alcances la posición más cómoda para ti. Tómate tu tiempo para apreciar la comodidad de la silla, la forma en la que te sostiene y la forma en la que el suelo te proporciona apoyo para los pies. Mira alrededor de la habitación y fuera de la ventana, si es necesario, y busca algo que te tranquilice y te haga sentir feliz. Puede ser un cuadro que tengas colgado en la pared o las propias paredes. También pueden ser los árboles y arbustos del exterior; tal vez los pájaros canten y jueguen en ellos. Tal vez sea la alfombra del suelo. Sea lo que sea, tómate tu tiempo para apreciar todos estos elementos y disfrutar de ellos y de los sentimientos que te provoquen. Ahora que has hecho todo esto, ¿cómo te sientes respecto a tu comodidad, tanto física como emocional? Si te tomas tu tiempo con este ejercicio, realmente puede marcar la diferencia a la hora de calmar tu sistema nervioso y aportar algo de armonía a tu cuerpo y tus emociones.

- **2:** Para el segundo ejercicio, tómate un momento para asimilar todo lo que te rodea y cómo te sientes. A continuación, pon la mano derecha justo debajo de la axila izquierda, sujetando un lado del pecho. Ahora, pon la mano izquierda sobre el bíceps, el codo o el hombro derecho, lo que te resulte más fácil. Ahora, tómate un tiempo para pensar en cómo te sientes. ¿Tu cuerpo está frío o caliente bajo tus manos? ¿Tu ropa es suave o más bien áspera? ¿Notas algo más? Tal vez sientas los latidos de tu corazón o seas consciente de tu respiración. ¿Te satisface hacer esto? ¿Te reconforta rodear tu cuerpo con las manos? A continuación, observa cómo responde el resto del cuerpo a este tipo de contacto físico. Prueba a hacer lo mismo con las piernas. Ahora, compara lo que notas en tu entorno y cómo se siente tu cuerpo respecto a lo que notaste al principio del ejercicio. En momentos de ansiedad o estrés, un ejercicio de este tipo puede devolverle a tu cuerpo algo de bienestar y paz a través del contacto físico.

- **3:** Uno de los mejores ejercicios es recordar un momento en el que alguien te haya mostrado amabilidad. Incluso en la peor de las vidas y el más duro de los mundos, hay al menos una persona que, en algún momento, nos muestra amabilidad. Si tenemos suerte, serán muchas las personas a lo largo de nuestra vida. Intenta recordar esos momentos en los que alguien te haya demostrado su amabilidad. Recuerda sus palabras, sus gestos, sus expresiones faciales y todo lo que haya formado parte de ese acto de amabilidad. Cuando recuerdes ese momento, fíjate en cómo responde tu cuerpo al recuerdo, incluyendo todo lo que ves, oyes y sientes. Es casi como si hubieras retrocedido en el tiempo hasta ese mismo momento. A continuación, compara lo que sentiste en ese momento con lo que sientes ahora al recordar la experiencia. Si surge algún recuerdo negativo como resultado de esta remembranza, intenta colocarlo en un archivador imaginario y concéntrate únicamente en el recuerdo del acto de amabilidad. Al final del ejercicio, anota cómo te sientes ahora, cómo se siente tu cuerpo y cómo percibes tu entorno. Esta es una forma excelente de tranquilizarte y recordar que no todo el mundo va a por ti. No tienes por qué sentirte estresado por todas las personas con las que te relacionas; hay gente que está dispuesta a ser amable contigo.

- **4:** Al igual que al comienzo de la mayoría de estos ejercicios, primero toma nota de lo que te rodea y de tus sentimientos y emociones en general. A continuación, visualiza tus últimas 24 horas (o más si es necesario) e intenta recordar cuándo fue la última vez que te sentiste realmente tú mismo o como la persona que quieres ser. Recuerda ese momento con el mayor detalle posible, casi como si lo estuvieras viviendo de nuevo. Toma nota de lo que sentiste en ese momento y de lo que ocurrió con tus cinco sentidos. A continuación, vuelve a recordar cuándo fue la última vez que te sentiste como tú mismo o como la persona que quieres ser, pero esta vez en las últimas semanas. De nuevo, trata de recordar con el mayor detalle posible, como si lo estuvieras viviendo de nuevo, y observa cómo se sintió tu cuerpo en ese momento. Luego, como de costumbre, al final del ejercicio, observa cómo te sientes respecto a tu entorno, tus sentimientos generales y tus emociones en comparación con lo que sentías al principio. Este ejercicio es bueno para reencontrarte contigo mismo, lejos de toda la confusión y la locura que a veces sientes que reina en el mundo.

- **5:** Este ejercicio implica hacer algunos ruidos vocales, por lo que puede ser conveniente ir a un lugar donde estés solo antes de realizarlo. Como siempre, empieza por fijarte en lo que te rodea y en tus emociones y sentimientos en general. A continuación, piensa en el sonido que emite una sirena de niebla. Respira hondo e intenta reproducir dicho sonido. Este debe ser lo suficientemente grave como para que puedas sentirlo reverberar alrededor de tu cuerpo. Comprueba hasta dónde puedes sentirlo dentro de tu cuerpo, desde el fondo de tu vientre hasta los muslos. Cuando sientas que el sonido termina (a menudo se describe como el sonido "voo"), deja que la siguiente respiración se produzca de forma natural. Puedes tomarte tu tiempo; no hay necesidad de apresurar la respiración. Si te sientes reconfortado y en armonía, quédate con esa sensación. Ahora bien, el sonido de la sirena de niebla puede resultar perturbador para algunas personas, por lo que, si ese es tu caso, vuelve a uno de los otros ejercicios para recobrar la sensación de armonía. Si el sonido de la sirena de niebla te ha parecido reconfortante, pruébalo de nuevo. ¿Te sientes más reconfortado y en armonía? Eso sí, no te aconsejo que repitas el sonido más de tres veces. Como al final de los otros ejercicios, ¿cómo te sientes ahora? Compáralo con cómo te sentías al principio del ejercicio. Esta puede ser una técnica excelente para ayudar a asentar el núcleo del cuerpo, pues el sonido que reverbera alrededor de este ayuda a relajar los músculos y liberar la tensión.

# 3

# EL PODER CURATIVO DE LA RESPIRACIÓN: TRABAJO DE RESPIRACIÓN SOMÁTICA

Todos damos por sentada la respiración. El hecho de que no tengamos que pensar en ella es parte del problema. Como no respiramos tan profundamente como deberíamos, nuestros diafragmas se tensan y no llegan a relajarse. No obstante, nuestra respiración puede ser controlada, pues somos capaces de respirar al ritmo que elijamos y concentrarnos en el acto, beneficiando nuestra salud física y mental. Además, al respirar, también tomamos conciencia de nuestro cuerpo y de cómo se siente.

Se cree que la respiración influye significativamente en la presión arterial, el ritmo cardíaco y la capacidad de las arterias para dejar fluir la sangre a través de ellas. No es de extrañar que nuestra respiración sea una de las primeras cosas que se descontrolan cuando estamos ansiosos o estresados. Asimismo, se cree que respirar profundamente puede mejorar el estado de ánimo y el sueño. Sin embargo, depende de cada caso; respirar un minuto de vez en cuando tendrá un impacto mucho menor que respirar profundamente 30 minutos al día. Estudios demostraron que los resultados en la reducción de la presión arterial se mantienen un mes después en el caso de las personas que siguen el régimen. Quizás sea de sentido común, pero inhalar más oxígeno hace que este fluya por las células sanguíneas y los tejidos nerviosos. Para aquellos que participaron en ejercicios de respiración profunda, se registró que la absorción de oxígeno aumentó en un 37% (Hadley, 2017). Un estudio realizado en 2017 también encontró que la respiración profunda es capaz de reducir la presión arterial de las personas con hipertensión (Janet & Gowri, 2017). A su vez, un estudio de 2019 logró respaldar la teoría de que la respiración lenta y profunda constituye una mejor herramienta para combatir el insomnio que la hipnosis o algunas opciones farmacéuticas (Jerath et al., 2019).

Como toda terapia somática, la respiración somática consiste en prestar atención a nuestro cuerpo y a cómo funciona. Esto significa respirar prestando atención a la sensación del estómago y el vientre contrayéndose hacia dentro y hacia fuera y a la zona de las costillas y el pecho. A través de la respiración somática, también se es mucho más consciente de la mandíbula, la garganta, el diafragma y los hombros durante el movimiento de la respiración. Al concentrarnos en nuestra respiración y en lo que hace nuestro cuerpo, nuestra mente se detiene y deja las preocupaciones a un lado. Empezamos a vivir de verdad el momento presente y nos detenemos a oler las rosas y a disfrutar de su aroma.

Puedes realizar ejercicios de respiración somática sentado o tumbado boca arriba. Debes ser consciente de las respiraciones que realizas. La respiración somática no es lo mismo que la respiración involuntaria habitual, que ocurre sin que te des cuenta. No hay pausa entre la inhalación y la exhalación, y las mismas pueden producirse por la nariz o por la boca. Este tipo de respiración debería permitirte liberar parte de la tensión física interior. Si aprendes a respirar con el diafragma y a relajarte al espirar, podrás liberar emociones y sentimientos mucho más profundos. Hablaré de la respiración diafragmática más adelante en este capítulo.

Aunque la respiración somática puede ser útil para aquellos que sufren de TEPT, esta puede ser un desencadenante de síntomas. Si padeces TEPT y estás pensando en aplicar la respiración somática, debes tener mucho cuidado y recordar que es bajo tu propio riesgo; eres responsable de tu propia salud y bienestar. Si alguna vez tienes dudas, debes buscar la ayuda de un profesional médico.

Aquí tienes un sencillo ejercicio de respiración que puedes hacer:

- Respira normalmente. Debes darte cuenta de que quieres respirar más profundamente, como cuando suspiras.
- Exhala. Deberías hacerlo durante seis u ocho segundos y casi por completo.
- Permanece quieto y aguanta la respiración.
- Ahora, concéntrate en lo que sea que sientas ante la necesidad de volver a respirar. ¿Cómo describirías esa sensación física y en qué parte de tu cuerpo la sientes? Quédate un momento con estas sensaciones y sentimientos.
- Cuanto más interés tengas en esos sentimientos y sensaciones, más te darás cuenta de que puedes contener la respiración.
- Una vez que la necesidad de volver a inspirar se haga evidente, observa la sensación que te produce

y fíjate que puedes ceder a ella o seguir aguantando
unos segundos más. Vuelve a inspirar cuando
quieras. De este modo, ahora eres tú quien
controla tu respiración, no tu subconsciente.

- Repite este ejercicio durante cinco minutos.

Es muy posible que hayas oído hablar del diafragma, pero
probablemente nunca le prestes atención ni sepas exactamente qué es ni dónde se encuentra. Pues bien, el diafragma
es un músculo importante que se encuentra justo debajo de la
zona pulmonar y ayuda a que el aire entre y salga de los
pulmones. De hecho, el diafragma se utiliza en el 80% de la
respiración y hace que esta sea mucho más eficaz que cuando
se emplean otros músculos (Ejercicios de respiración diafragmática, s.f.). Cuando una persona inspira, el diafragma se
contrae y se dirige hacia abajo, mientras que cuando una
persona espira, el diafragma se relaja y se dirige hacia arriba,
ayudando a expulsar el aire de los pulmones. Teniendo en
cuenta que un ser humano promedio respira 23.000 veces al
día, lo que equivale a ocho millones de respiraciones al año,
podemos ver lo importante que es el diafragma (La respiración diafragmática: Todo, s.f.).

Cuando respiramos sin pensar, rara vez utilizamos toda la
capacidad de los pulmones, lo que se conoce como respiración superficial. Sin embargo, la respiración diafragmática
(también conocida como respiración abdominal) utiliza la
respiración profunda para aprovechar al máximo esta capacidad. Esto se debe a que aprovecha al máximo el estómago y
los músculos abdominales, así como el diafragma, en cada
respiración. Esto implica mover conscientemente el
diafragma hacia abajo al inspirar, lo que garantiza que los

pulmones se llenen de aire de forma mucho más eficaz. La persona debe darse cuenta de que su estómago se contrae, se relaja y se mueve hacia arriba y hacia abajo, en contraposición con sentir la respiración solo en el pecho y los hombros, como ocurriría con la respiración superficial.

Si quieres comprobar si tiendes a respirar con el diafragma o con el pecho, coloca la mano derecha sobre el pecho y la izquierda sobre el estómago y respira. Si la mano derecha se levanta primero, estás respirando con el pecho. Si la mano izquierda se levanta primero, estás utilizando el diafragma. Me he dado cuenta de que cuando estoy encorvado sobre el escritorio de casa con el portátil y hago esa prueba, es la mano derecha la que se levanta primero. Si me siento recto en la silla, la mano izquierda se levanta primero. La cantidad de tiempo que la gente pasa sentada en posturas inadecuadas preocupa a médicos y científicos. Esto conduce a síntomas como el dolor de espalda y la respiración superficial, impidiendo que llegue suficiente oxígeno al organismo. No es de extrañar que al cabo de un rato me sienta un poco mareado cuando estoy encorvado delante de la computadora.

Basta con practicar la respiración diafragmática durante un máximo de 10 minutos; lo ideal es hacerlo de tres a cuatro veces a lo largo del día. Deberías encontrar un momento en casa para tumbarte y practicar. Intenta encontrar un lugar libre de distracciones, así que aléjate de la televisión y deja tu teléfono móvil en otra habitación. Asimismo, haz que tu pareja, tus hijos o tus mascotas vayan a otra habitación. Así te asegurarás de que no te interrumpan mientras realizas los ejercicios de respiración. Al igual que con todas las técnicas somáticas, debes concentrarte en lo que siente tu cuerpo mientras experimentas la respiración.

Si te resulta útil, puedes programar una alarma para saber cuándo debes tomarte un descanso y realizar tus ejercicios. A menudo es útil recordar que siempre se está respirando, por lo que realizar este ejercicio no supone exactamente desviarse de la rutina; ya lo estás haciendo, solo tienes que concentrarte y darte cuenta de ello.

La respiración diafragmática tiene muchas versiones diferentes; aquí tienes los pasos necesarios para llevar a cabo la versión más básica:

- Busca una superficie plana sobre la que tumbarte. Es probable que la mayoría de la gente opte por el suelo. Coloca una almohada o un cojín debajo de la cabeza y también debajo de las rodillas. Las almohadas y los cojines no son imprescindibles, pero conviene utilizarlos si los tienes, ya que te ayudarán a mantener el cuerpo en una posición lo más cómoda posible.
- Coloca una mano en la parte superior del pecho, en la zona media.
- Coloca la otra mano sobre el estómago, justo debajo de la caja torácica pero por encima del diafragma.
- Inspira solo por las fosas nasales, llevando el aire hacia el estómago. El estómago debe subir en dirección a la presión de la mano, mientras que el movimiento del pecho debe ser limitado.
- Espira por la boca, pero no la abras del todo. Mantén los labios juntos y apretados. El estómago debe relajarse y volver a entrar y, de nuevo, no debe haber ningún movimiento en el pecho.

Como ocurre con cualquier cosa nueva, la respiración diafragmática puede resultar extraña y difícil al principio. Sin embargo, como con cualquier otra cosa en la vida, cuanto más practiques, más fácil te resultará. Puedes contar un número mentalmente con cada respiración. Esto puede ayudarte a relajarte más y a no distraerte con demasiada facilidad y a saber cuántas respiraciones has completado.

Cuando logres dominar esta técnica estando tumbado, puedes pasar a practicarla sentado o incluso de pie. Esto te da más posibilidades de practicar en cualquier momento y lugar, ya sea sentado en tu escritorio en el trabajo, de pie en una fila, viendo la televisión o sentado en un ómnibus. Una vez que puedas practicar con éxito sentado y de pie, se te abrirá todo un nuevo mundo de oportunidades y posibilidades para llevar a cabo tu práctica. Eso sí, cuando llegues a ese punto, debes asegurarte de que la cabeza, el cuello y los hombros se muevan lo menos posible al sentarte o ponerte de pie. No seas duro contigo mismo si las cosas no van como esperabas o la respiración no parece funcionar. Es cuestión de práctica. Cuanto más lo hagas y te acostumbres, mejor te irá y más cómodo te sentirás. Nadie más te juzga por cómo lo haces, así que no te juzgues a ti mismo. Ya verás cómo lo consigues con la práctica. No olvides hacerlo con regularidad. Tu cuerpo tiene la memoria de un pez y no la de un elefante en lo que respecta a la respiración diafragmática, así que no recordará las veces que la hiciste en el pasado. Tienes que seguir practicando regularmente para que surta efecto.

¿Por qué practicar la respiración diafragmática? Bueno, para empezar, el diafragma es un músculo, por lo que estarás fortaleciéndolo al hacer este ejercicio. Aunque ya solo por eso merece la pena, existen otros beneficios, como el fortalecimiento del tronco y la reducción de la frecuencia cardíaca y la presión arterial (Johnson, 2020).

Lo bueno de la respiración diafragmática es que cada vez hay más pruebas que sugieren que puede ayudar positivamente a aliviar el estrés y la ansiedad. Un estudio de 2017 señaló que esta práctica reduce las hormonas estresantes en el cuerpo, por lo que potencialmente también reduce el estrés y la ansiedad (Ma et al., 2017). Esto se solidificó en 2019 en una revisión de estudios y pruebas que concluyó que la respiración diafragmática puede usarse como una herramienta para reducir el estrés (Hopper et al., 2019).

Ahora bien, supongamos que alguien con ansiedad prueba la respiración diafragmática y descubre que no le funciona. En ese caso, es posible que la persona se sienta más ansiosa, lo que me lleva a pedirte que siempre acudas a un profesional de la medicina antes de embarcarte en este tipo de ejercicios.

# 4

# EMPODÉRATE
## COMPRENDIENDO EL TEPT Y
## EL TRAUMA POR APEGO

E l trastorno de estrés postraumático (TEPT) puede aparecer después de haber vivido o participado en un suceso traumático. El TEPT suele producirse cuando las personas se han visto involucradas en sucesos verdaderamente terribles y no simplemente en sucesos traumáticos menores. También es justo decir que el hecho de que alguien sufra un trauma no significa que vaya a desarrollar un TEPT, pues esto depende de cada persona. Los síntomas del TEPT pueden incluir escenas retrospectivas, incapacidad para pensar en otra cosa que no sea el suceso y ansiedad a un nivel muy grave. Estos síntomas pueden aparecer desde un mes después del suceso hasta varios años después.

El trastorno de estrés postraumático complejo (TEPT-C) se manifiesta cuando una persona que padece TEPT presenta síntomas adicionales tras un suceso traumático. Puede que tengas dificultades para controlar tus emociones, que te sientas muy enfadado con el mundo, que te resulte difícil confiar, que sientas que te falta algo, que no veas tu valor propio y que te resulte imposible que alguien más comprenda lo que sientes. Todo esto puede llevarte a desvincularte de relaciones o amistades, y puede conllevar dolor físico, incluidos dolores de cabeza y de pecho. El TEPT complejo incluye flashbacks como el TEPT, pero son flashbacks más emocionales, de modo que no solo vuelves a experimentar el suceso en sí, sino todas las emociones que sentiste en ese momento. Entonces, manifiestas esos sentimientos en el presente, aunque el flashback sea el causante de dichas emociones.

Los traumas por apego que se producen al principio de la vida de un niño, normalmente por negligencia y malos tratos, pueden deberse a algo como la separación de un cuidador debido a problemas médicos o a la muerte. El trauma por apego no siempre remite inmediatamente a los padres y los convierte a estos en culpables. Debemos tener en cuenta que los traumas pueden provenir de muchas direcciones y personas diferentes. Como no podemos evocar recuerdos anteriores a los cuatro o cinco años, pensamos que no podemos recordar los acontecimientos traumáticos. Sin embargo, nuestro cerebro y nuestro cuerpo los recuerdan aunque nuestra memoria no pueda hacerlo. Estos sentimientos y emociones pueden aparecer más adelante en la vida. El trauma suele manifestarse a través del miedo a las relaciones, un sentimiento constante de vergüenza o la sensación de no merecer el amor de los demás. El hecho de no recordar un evento traumático que explique esto puede hacer que dicho trauma sea mucho más difícil de tratar que otros.

Como he mencionado anteriormente, no todo el mundo desarrollará un TEPT, un TEPT-C o un trauma por apego a causa de sucesos traumáticos. Aunque algunos sufrirán traumas menores y otros no sufrirán nada en absoluto, se estima que el 70% de los adultos estadounidenses han sufrido un evento traumático en algún momento de sus vidas (Eckelkamp, 2019). El trauma no es algo que solo les ocurra a otras personas; es probable que todos nos enfrentemos a él en el curso de nuestras vidas. Hasta los traumas de carácter general requieren ser abordados; de lo contrario, pueden dar lugar a problemas mentales y físicos. Un trauma puede definirse como cualquier cosa que nos deja atrapados en un patrón físico, emocional o de comportamiento (Cutler, s.f.). A menudo, el procesamiento y la superación del trauma acaban interrumpiéndose; de ahí que el trauma acabe almacenado en nuestro cuerpo y nunca lleguemos a liberarlo realmente. El trauma almacenado a menudo puede provocar dolor físico y la angustia psicológica que lo acompaña.

Ahí es donde entran en juego la curación y la terapia somática. Cosas como la respiración profunda, la experiencia somática y el movimiento pueden ayudar a aliviar ese trauma atascado en tu cuerpo a medida que empiezas a liberar la tensión suave y lentamente. Quizás estos métodos le permitan a tu cerebro procesar cosas que durante mucho tiempo habías relegado a la "Papelera de reciclaje" de tu cerebro.

Es triste que la discapacidad y las enfermedades crónicas puedan causar traumas a corto y largo plazo; no obstante, si aquellos que sufren traumas no se tratan correctamente, acaban desarrollando afecciones y síntomas físicos. Por lo tanto, una persona que desarrolla una enfermedad crónica también puede estar traumatizada por ella, de modo que, si no es capaz de liberar ese trauma, puede acabar sintiéndose incluso más enferma y desarrollar más dolor físico.

Recibir un diagnóstico de discapacidad o enfermedad

crónica puede ser un acontecimiento muy traumático. Es probable que la persona experimente todo tipo de sentimientos abrumadores y, como pronto empieza a recibir información sobre el tratamiento o los pasos a seguir, no siempre tiene la oportunidad de procesar ese trauma. Es preocupante que entre el 12% y el 25% de las personas que padecen enfermedades potencialmente mortales desarrollen TEPT (Virant, 2019). No es de extrañar que las personas que pasan por este tipo de experiencias a menudo desarrollen miedo a los hospitales o a los médicos. Lo más inquietante es que esto puede convertirse en una desconfianza total hacia los médicos y un deseo de evitar tener algo que ver con la enfermedad. A modo de ejemplo, la persona afectada puede empezar a "olvidarse" de tomar su medicación o de acudir a las citas. La discapacidad y la enfermedad crónica a menudo hacen que una persona se cuestione su lugar en el mundo y lo que siempre había creído que era cierto. Esto provoca pensamientos relacionados con la muerte, la vulnerabilidad y el desamparo del que todos somos víctimas. Al tener que pasar por emociones y experiencias como estas, no es de extrañar que las personas con enfermedades y discapacidades desarrollen traumas.

Como mencioné cuando empecé a hablar del TEPT, las relaciones son con demasiada frecuencia una de las cosas que se ven gravemente afectadas debido al trauma. Es comprensible que a una persona que sufrió un trauma le resulte difícil establecer relaciones duraderas. Es posible que esta persona sienta que el peligro está a la vuelta de cada esquina, y confiar en nuevos o viejos amigos puede resultar excepcionalmente difícil. La rabia que puede sentir una persona por haber perdido el control de su vida o por la impotencia que siente puede tener relación con una enfermedad crónica. Esto puede llevar a desarrollar un mecanismo de defensa ante la amenaza, haciendo que la persona arremeta contra sus allegados. Nadie puede hacerte daño si tú le haces daño primero.

Dependiendo del tipo de trauma por el que esté pasando y de la experiencia traumática que se haya vivido, es posible que la persona experimente sentimientos de vergüenza, que sienta que no es digna del amor de otro y que se sienta totalmente indeseable. Incluso es posible que se sienta culpable de lo sucedido, que piense que de alguna manera fue culpa suya o que se lo merecía, sin ser consciente de que la culpa es del agresor. Al haber pasado por sucesos tan traumáticos, la persona cree que nadie más puede entenderla, por lo que sobrelleva la carga en solitario y no la comparte con las personas más cercanas. Aunque los siguientes relatos son ficticios, voy a utilizarlos como ejemplo. No me cabe duda de que los escritores de estas historias investigaron a fondo el comportamiento de los supervivientes de traumas para asegurarse de que sus personajes se comportaran con autenticidad. El primer ejemplo es la trama de una popular serie dramática moderna. En este ejemplo, el personaje, June, ha escapado finalmente a Canadá desde Gilead, donde ocurrieron todas sus experiencias traumáticas. Ella parece ser incapaz de compartir sus experiencias con otros. Sin embargo, la persona con la que definitivamente no puede abrirse es su marido, que ha estado en Canadá mientras ella estaba en Gilead (Miller et al., 2017-presente). Otro ejemplo es el de una famosa telenovela australiana, en la que uno de los personajes, Marilyn, pasa por un acontecimiento traumático compartido con otros personajes, pero no con su marido. A raíz de este suceso, siente que la única persona con la que puede hablar de ello es uno de los otros personajes que pasó por lo mismo. Ella se va distanciando cada vez más de su marido, que siente que no puede entender por lo que ha pasado o lo que siente, lo que finalmente culmina en un divorcio, aunque no es la única razón por la que se divorcian (Holmes & McGauran, 1988-presente). Estos dos ejemplos ficticios son buenos para destacar exactamente el tipo de sentimientos y emociones que puede mostrar una persona que ha pasado por un trauma. Los mismos sugieren cómo el trauma puede afectar las relaciones con las personas más cercanas.

Además, esto puede hacer que la persona que ha sufrido un trauma acabe aislándose. Lamentablemente, con el clima pandémico que todos tuvimos que atravesar, esto no nos es ajeno. Sin embargo, los que han sufrido un trauma generarán esta distancia de sus parejas, amigos, familiares, colegas e incluso de la vida misma a propósito. Al sufrir desapego y no sentir nada por nada, se vuelven prácticamente insensibles a todo lo que les rodea. Algunos afectados pueden volverse muy ansiosos y empezar a mostrar síntomas de trauma cada vez que existe la posibilidad de ser rechazados, por ejemplo, por una posible pareja. Otros pueden hacer lo contrario y volverse totalmente dependientes de alguien o sobreproteger a sus seres queridos. Si hay hijos de por medio, la situación puede empezar a afectar la vida de estos, ya que no se les permite hacer nada que pueda causarles el más mínimo daño. Esto es aplicable a casi todo. Levantarse de la cama por la mañana supone un riesgo. No hay nada en la vida donde no exista riesgo, por lo que esto puede llegar a ser problemático si el trauma de uno de los padres se manifiesta de esta manera. Algunas personas pueden encontrar extremadamente difícil tener cualquier tipo de relación física, ser capaces de situarse en contextos íntimos o encontrar satisfactorias las relaciones sexuales. Todos los sentimientos, emociones y comportamientos que he descrito pueden ser desconcertantes y perturbadores, pero son cosas normales que se pueden pensar y sentir si se ha sufrido un trauma. No deberías castigarte más. Es comprensible que un trauma pueda dar lugar a este tipo de problemas; no debes sentirte peor contigo mismo por no poder hacer que tu relación funcione después de haber pasado por un trauma.

## RESPUESTA DE LUCHA, HUIDA, PARALIZACIÓN O ADULACIÓN

Las respuestas de lucha, huida, paralización o adulación son reacciones que ocurren cuando nos encontramos con lo que creemos que es una amenaza o un peligro. Estas respuestas se producen de forma automática e inconsciente, sin ni siquiera tener que pensar en ello. Luchar, huir y quedar paralizado son respuestas muy conocidas, pero adular también es una posibilidad.

La huida es nuestro deseo de escapar o alejarnos de la situación que nos está causando peligro. Se trata de una reacción perfectamente aceptable y no es en absoluto una actitud cobarde, como ciertos "valientes" presuntuosos pueden considerar. Después de todo, si estás atrapado en un edificio en llamas, la mejor respuesta es salir a toda prisa. Aquí tienes algunas señales que indican que estás en modo de huida:

- Sientes las piernas muy inquietas.
- Se te duermen los dedos de las manos y los pies, las orejas y la nariz (o cualquier combinación de ellos).
- Tus ojos se mueven mucho o se dilatan.

- Tus músculos y tu cuerpo se tensan.
- Te sientes aprisionado.

La respuesta de lucha es exactamente lo que sugiere: una respuesta agresiva. Algunos indicadores de que puedes estar en modo de "lucha" son los siguientes:

- Rompes en llanto.
- Tienes un deseo irrefrenable de golpear algo o a alguien.
- Rechinas los dientes o sientes que se te tensa la mandíbula.
- Tienes ganas de pisar fuerte o de patear algo o a alguien.
- Sientes una profunda ira.
- Imaginas la posibilidad de hacerle daño a alguien, incluso a ti mismo.
- Sientes dolor o ardor en la boca del estómago.

Estar en modo de lucha implica atacar la fuente del peligro. Esta puede llegar a ser una reacción muy beneficiosa, a menos que la fuente que estás atacando sea capaz de causarte mucho más daño a ti que tú a ella.

La respuesta de paralización consiste en volverse incapaz de actuar ante el peligro y quedarse literalmente congelado. Es como ese instante en el que un ciervo se queda congelado ante un coche que va por la autopista; en lugar de salir huyendo por su vida, se queda paralizado, de modo que el coche tiene dos opciones: o se desvía para esquivarlo o lo atropella. A mí me ha pasado y quizás a ti también. Una vez crucé una calle sin prestar atención. En el momento en el que me di cuenta de que un coche venía hacia mí, en lugar de salirme, me quedé paralizado. Solo sobreviví porque el conductor paró a tiempo. Algunos indicadores de que estás experimentando una respuesta de paralización son los siguientes:

- Tu cuerpo se siente frío.
- Tu cuerpo se entumece.
- Te pones muy pálido, sobre todo en la cara.
- Sientes las piernas pesadas y te cuesta mover el cuerpo.
- Te sientes muy nervioso y ansioso.
- Tu ritmo cardíaco decae y puedes notar los latidos.

Pero, ¿qué hay de la respuesta de adulación? Siendo mucho menos conocida, esta respuesta hace que nos comprometamos a hacer cualquier cosa para apaciguar la situación. Esto puede ser especialmente frecuente en personas que han sufrido traumas en la infancia, pues es probable que hubiera alguien en su vida capaz de hacerles hacer o decir cualquier cosa con tal de calmar las aguas. Este tipo de respuesta de adulación se traslada a menudo a la edad adulta y, en consecuencia, la persona puede acabar en relaciones y situaciones poco saludables.

Debido a que la respuesta de adulación suele producirse por primera vez en la infancia, puede resultar difícil reconocer lo que está ocurriendo cuando la persona ya es adulta. De ahí que sea su respuesta por defecto ante situaciones peligrosas. Sin embargo, hay algunas señales inequívocas que tú (o alguien) podría manifestar con la respuesta de adulación:

- Defines cómo te sientes en una relación o situación basándote en lo que sienten los demás.
- Incluso cuando estás solo, te resulta difícil comprender lo que sientes.
- Sientes que no tienes una personalidad, un carácter o una identidad individuales.
- Siempre intentas complacer a los demás en lugar de concentrarte en ti mismo.
- Cuando surge un conflicto, lo primero que haces es intentar complacer o ceder ante la persona enfadada o molesta.
- Haces caso omiso de tus propias creencias o puntos de vista y, en su lugar, solo aceptas como verdaderas las opiniones de los que te rodean.
- Puede que te des cuenta de que das respuestas emocionales extrañas a cosas que, a primera vista, no parecen tener importancia. Por ejemplo, podrías tener una respuesta de enfado ante un desconocido o podrías encontrarte de repente con un sentimiento de tristeza en cualquier momento del día.
- Te sientes culpable y enfadado contigo mismo la mayor parte del tiempo.
- Te resulta difícil decirle "no" a alguien.
- Aunque no puedas lidiar con ello, aceptas hacer más si te lo piden.
- No te resulta fácil establecer límites. A menudo te das cuenta de que los demás se aprovechan de ti.
- Te sientes inseguro, asustado o insatisfecho cuando te piden que des tu opinión.

Las personas que sufren TEPT, TEPT-C o traumas de apego ya tienen un nivel de autoculpabilidad y recriminación que no hará más que empeorar si la respuesta predeterminada ante el peligro es una respuesta de adulación. Esta es una de las muchas razones por las que es esencial aprender por qué se producen estas respuestas y qué podemos hacer para desactivarlas.

También se habla de una quinta respuesta conocida como "flop", que podría definirse como "desplome" o "caída". En este caso, la persona pierde totalmente la capacidad de reacción ante la situación e incluso puede llegar a perder el conocimiento. El término proviene de la forma en la que el cuerpo se desploma como si fuera una muñeca de trapo.

Todas estas respuestas son perfectamente naturales; todo el mundo mostrará reacciones diferentes en momentos concretos. Sin embargo, esto puede llegar a ser preocupantes si percibimos amenazas donde no las hay o damos una respuesta equivocada a la situación. Estos problemas suelen producirse cuando nos hemos quedado atrapados en estas respuestas debido a traumas pasados que hemos sufrido. Para liberarnos de estas respuestas, necesitamos ser más conscientes de cómo sentirnos seguros, reconfortados y libres de tensión en nuestro cuerpo. Debemos utilizar ejercicios que nos permitan liberar de forma segura parte de ese trauma, lo que debería significar una menor dependencia de nuestras respuestas de lucha, huida, paralización o adulación.

Peter Levine basó su teoría y su trabajo sobre la "Experiencia somática" en el comportamiento de animales en libertad. A pesar de estar constantemente en peligro por los depredadores, de ser perseguidos por ellos y, a veces, de ser capturados momentáneamente pero escapar, los animales no sufrían traumas. Estos continuaban su vida como siempre. Levine observó que, tras un episodio de este tipo, los animales tendían a temblar y sacudirse, por lo que se formó la creencia de que los animales salvajes eran capaces de "quitarse de encima" su trauma, mientras que los humanos habían perdido esta capacidad. Como los humanos han perdido esta capacidad, el trauma puede acabar atascado en el cuerpo, por lo que solo con la ayuda de la terapia somática puede liberarse lenta y cuidadosamente (Osadchey, 2018).

Voy a proporcionarte un ejercicio muy sencillo de seguir para que puedas desactivar esas respuestas de lucha o huida y mantener la calma y la racionalidad. Es un sencillo ejercicio de conexión a tierra (también conocido como grounding) y, como todos los ejercicios de sanación somática, funciona desde el cuerpo hasta el cerebro y no al revés. El motivo de que sea así radica en que no podemos liberarnos mentalmente de estas situaciones ni de la ansiedad, pero sí podemos hacer que nuestro cuerpo se relaje, se calme y le diga a nuestro cerebro que todo está bien.

## EJERCICIO DE GROUNDING

Como entrar en el modo de lucha o huida puede hacer que te sientas casi separado de tu cuerpo o como si este fuera incapaz de hacer lo que tú quieres, una forma de volver a un estado menos ansioso es reunir el cerebro con el cuerpo. Una forma de hacerlo es poner algo caliente o frío contra tu cuerpo. Obviamente, tanto por el frío o por el calor, ten cuidado de no quemarte. Entrar en contacto con algo ligeramente caliente o frío debería hacer que te reencuentres con tu cuerpo a medida que dejas que tu cerebro se concentre en las sensaciones que estás sintiendo en lugar de centrarse en peligros falsos.

## TRAUMA POR APEGO

Mencioné brevemente el trauma por apego al principio de este capítulo; ahora voy a tratarlo con mucho más detalle en esta sección.

El trauma por apego se produce cuando hay una interrupción en los procesos normales de vinculación entre un bebé o un niño y sus cuidadores principales, ya sean sus padres u otros tutores. Esto puede ser resultado de malos tratos o negligencia, pero también puede tratarse simplemente de una falta general de afecto o abandono que no ha sido culpa del cuidador.

La psicología identifica cuatro estilos principales de apego que un niño puede experimentar al principio de su vida con su cuidador. Dependiendo del estilo de apego, es probable que afecte al niño o no cuando se convierta en adulto:

- **1: Seguridad:** Las personas que se sienten seguras crecieron con cuidadores atentos, cariñosos y sensibles a sus necesidades. Si una persona adquiere el apego de seguridad, se sentirá cómoda expresando sus emociones, mostrará confianza en sí misma y en sus relaciones y será capaz de afrontar situaciones difíciles y sentimientos de infelicidad de forma saludable.
- **2: Evitación:** El apego evitativo se produce cuando el cuidador no responde o no es sensible al niño cuando está herido o angustiado. Es

probable que los niños que experimentan este tipo de apego crezcan sin mostrar sus emociones y no busquen a su cuidador para que les dé seguridad y consuelo. De adultos, es probable que se muestren distantes en sus relaciones y que no sean capaces de mostrar o hablar de sus emociones.

- **3: Resistencia:** El apego resistente tendrá lugar si el cuidador no es constante o predecible en su forma de responder a la angustia o el malestar del niño. En este caso, el niño puede recurrir a métodos extremos para obtener la respuesta adecuada del cuidador. En la edad adulta, esto puede manifestarse a través de conductas de necesidad y dependencia en una relación, las cuales van acompañadas de inseguridad respecto al amor que siente la pareja.

- **4: Desorganización:** El apego desorganizado se forma cuando el comportamiento del cuidador es inusual o, de algún modo, atemorizante. El niño no sabe qué hacer para obtener el consuelo y la seguridad que necesita. En la edad adulta, esto puede dar lugar a relaciones llenas de conflictos y discusiones.

- El primer estilo de apego, el seguro, permitirá a los niños desarrollarse de forma saludable y tener más probabilidades de mantener relaciones sanas en años posteriores. Los otros estilos darán lugar a un apego incompleto y probablemente causarán relaciones insanas y otros problemas en la edad adulta.

La existencia de estilos poco saludables puede dar lugar a acontecimientos traumáticos para el niño. Por supuesto, esto puede incluir acontecimientos graves como el abuso y la negligencia extrema, pero también puede ser algo tan simple como que un niño se haga daño y llore mientras el cuidador le ignora (ya sea a propósito o no). Esto puede resultar traumático para el niño. Un incidente aislado en la vida de este puede no provocar un trauma por apego, pero, si se trata de un patrón constante, puede causar un trauma duradero en la edad adulta.

Sin embargo, el cuidador no tiene por qué ser el causante de esto. Por desgracia, puede que este haya fallecido, lo que deriva en una ruptura del vínculo y en la imposibilidad de desarrollar un apego seguro. No siempre es tan sencillo como para poder afirmar que la culpa es del cuidador.

Una persona que sufre un trauma por apego puede ser más propensa a sufrir estrés y ansiedad, a tener dificultades para expresar sus emociones, a tener problemas para dormir, a aislarse o a desarrollar problemas de salud mental.

Si padeces un trauma por apego, te propondré un ejercicio, pero ten cuidado. Este ejercicio puede hacer aflorar emociones y sentimientos muy fuertes. Si crees que será demasiado para ti, es perfectamente comprensible; deberías dejar este ejercicio a un lado hasta que estés preparado o acudas a un terapeuta profesional.

## EJERCICIO PARA TRATAR EL TRAUMA POR APEGO

En primer lugar, si es posible, busca un suelo duro. Puedes hacer este ejercicio sobre moqueta, pero te resultará más complicado. Cuando encuentres el suelo adecuado, quítate las medias. Túmbate en el suelo boca abajo. A continuación, piensa cómo puedes avanzar desde esa posición. No puedes ponerte sobre las manos o las rodillas para arrastrarte. Debes encontrar la forma de moverte estando boca abajo. Probablemente ha pasado tiempo desde que hiciste esto por última vez, cuando eras muy pequeño. Ese es el objetivo del ejercicio, que vuelvas a pensar y a moverte de esa manera. Por eso, es posible que te vengan a la mente todas las emociones de aquella época. Si no estás preparado para ello, no te conviene hacerlo. El simple hecho de estar en esta posición puede hacer que muchas emociones fuertes afloren y sientas una profunda tristeza y necesidad de llorar.

# 5

# ELÉVATE POR ENCIMA DEL DOLOR FÍSICO Y LA ENFERMEDAD

Si siempre sientes molestias y tienes los músculos tensos o los huesos adoloridos, este podría ser tu capítulo. Te has acostumbrado tanto al dolor o a la tensión muscular que sientes que forma parte de ti. La buena noticia es que la terapia física somática (oficialmente llamada somática) puede ayudarte a calmar ese dolor y a volver a sentirte tú mismo. Por supuesto, debo señalar que la terapia somática no sirve para curar cualquier lesión física que tengas. Si te has roto una pierna, tienes que ir al médico. No vas a curar un hueso roto con terapia somática; de hecho, puedes empeorar mucho las cosas. Sin embargo, si padeces dolores musculares y articulares crónicos, la terapia somática puede ayudarte. Gracias a su capacidad para hacer que el cuerpo hable con el cerebro y viceversa, es posible aliviar el dolor causado por las contracturas y los músculos agarrotados a los que tu cuerpo se ha acostumbrado.

Aquí tienes unos cuantos ejercicios que te ayudarán a mejorar tu movilidad y tu bienestar general si sufres dolores crónicos o rigidez muscular. Puedes hacer todos los movimientos de cada paso 10 veces:

- **1:** Túmbate boca arriba con las rodillas flexionadas y los brazos a los lados. Inhala, empuja ligeramente la pelvis hacia arriba y exhala. Inhala, empuja la parte inferior de la espalda hacia abajo y exhala.
- **2:** Túmbate boca arriba con las piernas estiradas y las manos extendidas hacia atrás. Básicamente, adopta la forma de una estrella. Imagina que puedes alargar la pierna derecha. Inhala mientras imaginas que lo haces y luego exhala y relájate. Haz lo mismo con el brazo izquierdo: Imagina que crece o que alguien tira de él para alargarlo. Haz lo mismo con la pierna izquierda y, por último, con el brazo derecho.
- **3:** Túmbate boca arriba con los brazos extendidos a los lados y las rodillas dobladas. Cruza una pierna sobre la otra. Inspira. A continuación, mueve las piernas hacia la izquierda. Asegúrate de mover solo tus piernas y no el resto del cuerpo, que deberá permanecer en el centro, y exhala. Cambia de pierna y haz lo mismo, llevando ambas hacia la derecha y de nuevo al centro. A continuación, haz lo mismo pero con el brazo derecho apuntando hacia arriba y la mano izquierda hacia abajo. Mientras mueves las piernas, mueve la cabeza hacia la izquierda y viceversa.
- **4:** Siéntate y gira la cabeza y el torso hacia la izquierda. Luego haz lo mismo hacia la derecha. Ahora, haz lo mismo pero pon la mano derecha

sobre el hombro izquierdo y, después de haber rotado, mueve la cabeza suavemente hacia el centro. Luego regresa todo tu cuerpo al centro. Repite lo mismo para el otro lado.

## AMNESIA SENSOMOTRIZ

La amnesia sensomotriz (AMS) es un término que introdujo el pionero Thomas Hanna, un visionario en el mundo de la somática (Warren, 2019). La misma describe el patrón de comportamiento físico que los músculos de tu cuerpo llevan a cabo sin que siquiera pienses en ello, lo que a menudo te hace mal. Por ejemplo, día tras día, te encorvas en tu escritorio sobre tu computadora. Los músculos de la espalda se acostumbran a ello y se adaptan en consecuencia, por lo que algo malo para ti se convierte en algo normal para tu cuerpo, de modo que no haces nada para corregirlo porque tu cuerpo no te lo dice. De hecho, a menudo ocurre lo contrario. Ahora, sentarse recto resulta doloroso y encorvarse se convierte en algo muy cómodo. Este patrón puede desembocar en dolor físico crónico. En este ejemplo, es probable que acabes con un fuerte dolor de espalda o incluso con una joroba, y estarás siempre encorvado, incluso cuando estés de pie.

Resulta fácil desarrollar AMS en el mundo moderno. Estamos siempre encorvados sobre escritorios, desplomados en sillas y sentados en automóviles o transportes públicos. No nos movemos tanto como deberíamos, así que nuestro cuerpo se adapta en consecuencia, dejando de lado la flexibilidad y la movilidad tan necesarias en la antigüedad. En su lugar, nuestros músculos se centran únicamente en permanecer inmóviles al estar encorvados o desplomados sobre una silla. A su vez, los músculos pueden quedar habitualmente trabados en posiciones no deseadas, llegando incluso a sacar los huesos de su sitio con el tiempo.

Otra forma de desarrollar AMS es sufrir algún tipo de lesión, ya que, mientras la lesión se cura, afecta negativamente tu forma de moverte. Esto es particularmente aplicable a las lesiones en los pies, que repercuten en la forma de caminar. Una vez que la lesión se ha curado, sigues caminando como lo hacías cuando te lesionaste. Esto te perjudica, pues tu cuerpo ha olvidado cómo solías moverte normalmente. Una torsión de pelvis podría ser otro ejemplo.

Si tienes AMS, puedes notar que, a veces, tu cuerpo vacila al moverse; tal vez haya un ligero temblor o espasmo en las zonas afectadas, e incluso puede haber un estremecimiento cuando tu cuerpo suelta parte de su tensión.

Hay un ejercicio muy sencillo que puedes hacer si crees que tienes AMS y quieres una confirmación. Si al hacer este ejercicio sientes dolor, tómatelo con calma y muévete solo dentro de lo que te resulte aceptable; no intentes forzar nada, ya que lo único que conseguirás es hacerte más daño. Es bueno hacer este ejercicio lentamente para darle a tu cerebro la oportunidad de comprender lo que estás haciendo. Si lo haces deprisa, la parte automática de tu cerebro empezará a tomar el control.

Siéntate con los brazos a los lados. Gira la cabeza hacia la izquierda. Tendrás que mantener la mirada hacia la izquierda durante todo el ejercicio, así que asegúrate de que el giro de la cabeza esté dentro de tu zona de confort y no sea demasiado doloroso o forzado. Ahora, mira hacia el techo y mueve el hombro derecho hacia la parte posterior de la cabeza. Luego, afloja lentamente esa posición y vuelve a la posición en la que estabas antes. También puedes intentarlo hacia el otro lado. ¿Cómo te fue? ¿Te sentiste un poco inseguro o tembloroso? Si es así, probablemente tengas AMS.

Una práctica conocida como pandiculación puede ayudarte a establecer el vínculo entre el cerebro y los músculos y aliviar tus problemas de AMS.

## PANDICULACIÓN SOMÁTICA

Puede que la palabra *pandiculación* suene muy complicada, pero en realidad es un concepto bastante sencillo. La pandiculación consiste en mover los músculos intencionadamente (o, a veces, inconscientemente) para vincular los movimientos a nuestro sistema nervioso. El desperezamiento y el bostezo matutino son un ejemplo perfecto de ello, pues representan una recalibración de nuestro cuerpo con nuestro sistema nervioso que nos ayuda a adoptar patrones de movimiento. Si bien esto es algo que solemos hacer involuntaria e inconscientemente al despertarnos, las pandiculaciones pueden hacerse a propósito en cualquier momento para obtener los resultados deseados. Existen innumerables videos de pandiculaciones somáticas en Internet que trabajan diferentes músculos por distintos motivos. Esta acción puede ser más importante de lo que crees. Las malas posturas, los músculos tensos y los movimientos inflexibles pueden convertirse en hábitos si no realizamos pandiculaciones

Por pandiculación se entiende la activación de una alarma interna por parte del sistema nervioso que le dice al cuerpo "¡Prepárate para moverte!" Los humanos y otros animales vertebrados tienden a realizar la pandiculación automáticamente cuando se despiertan o si han permanecido inmóviles durante mucho tiempo. Es probable que hayas visto a un bebé o un perro o gato arquear la espalda y estirarse al despertar de una siesta. Todos estos son ejemplos de pandiculación. De hecho, se dice que los animales pandiculan 40 veces al día ("Pandiculación: La alternativa segura al estiramiento", 2010). A estos no se les ve encorvados y con malas posturas solo por haber tenido que ir a perseguir un ratón o un palito.

La pandiculación permite a nuestro sistema nervioso conocer el nivel de tensión de nuestros músculos y regula y restablece esa tensión muscular para que no acabemos con dolor muscular a largo plazo. Asimismo, se ha señalado que un feto puede realizar la pandiculación mientras está en el vientre materno, lo que demuestra que se trata de una acción primitiva y vital (Warren, 2019).

Lamentablemente, con todos los malos hábitos y patrones de comportamiento físico en los que tan fácilmente nos metemos en el mundo moderno, la pandiculación automática no es suficiente para librarnos de toda esa tensión muscular. A veces, si nuestra postura está desalineada, nuestro sistema nervioso puede olvidarse de hacer este movimiento.

Thomas Hanna estudió la pandiculación con gran detalle y llegó a la conclusión de que la misma abordaba la tensión muscular y la mayoría de las causas subyacentes de los problemas de postura, problemas de movimiento y dolor crónico. Hanna ideó algunos ejercicios para que la gente hiciera sin tener que depender de la pandiculación automática. Al fomentar la pandiculación voluntaria, se aseguraría de que las personas estuvieran mucho más preparadas para tratar sus tensiones musculares y liberarse de gran parte de su dolor. La pandiculación voluntaria debe llevarse a cabo muy lenta e intencionadamente para que el sistema nervioso asimile lo que se le dice y se vaya actualizando en respuesta (Warren, 2019).

Cualquier ejercicio de pandiculación requerirá tres aspectos principales:

- **1:** Contraer el músculo.
- **2:** Realizar un estiramiento lento e intencionado del músculo.
- **3:** Relajarse mientras se deja que el cerebro y el sistema nervioso comprendan lo que se acaba de hacer.

El psoas ilíaco es un músculo excepcionalmente importante del cuerpo humano. Sin este músculo, no podrías ni levantarte de la cama por las mañanas. Así de importante es. El psoas ilíaco también influye en la respiración, por lo que puede tener un impacto psicológico además de físico. Independientemente de lo que hagas, ya sea correr, andar en bicicleta, sentarte en el sofá o bailar, el músculo psoas ilíaco es esencial para que puedas llevar a cabo estas actividades, pues, en definitiva, conecta el cuerpo con las piernas. Este músculo se conoce también como flexor de la cadera. El mismo es vital para la postura, el apoyo y la regulación de la columna vertebral. Como el psoas ilíaco también está conectado al diafragma, interviene en el andar, la respiración e incluso en la respuesta al miedo y la exaltación. Si estás estresado, el psoas ilíaco se contrae, por lo que tiene un impacto directo en tu respuesta de lucha o huida. Si el estrés dura demasiado, el músculo psoas ilíaco se contrae de forma prolongada, lo que provoca un sinfín de problemas de salud. Esa misma contracción puede ocurrir si permaneces sentado durante mucho tiempo, corres o caminas demasiado, te quedas dormido en posición fetal o haces una gran cantidad de abdominales.

Tener el músculo psoas ilíaco tenso puede provocar numerosos problemas de salud y molestias, como trastornos digestivos, agotamiento, disfunción sexual, dolor lumbar, dolor pélvico (que puede afectar las prácticas sexuales y el apetito), ciática (que puede causar un dolor intolerable), cojera, diferencia en la longitud de las piernas, curvatura de la columna vertebral y debilidad del tronco.

Quizás pienses que basta con estirar dicho músculo, pero lo cierto es que no es así; este recibe instrucciones del cerebro. Por mucho que lo estires, el psoas ilíaco hará lo que el cerebro le diga, por lo que, si este le dice que se contraiga, se contraerá. Así pues, los estiramientos pueden resultar más perjudiciales que beneficiosos. Lo máximo que conseguirás es aflojar los músculos durante un rato, pero poco después el cerebro restablecerá el sistema nervioso y el músculo psoas volverá a estar como antes del estiramiento. Cualquier tensión potencial a largo plazo seguirá produciéndose.

Voy a explicarte dos ejercicios de pandiculación muy sencillos que puedes realizar fácilmente en casa. Si tienes problemas con tu psoas ilíaco, estos te ayudarán a liberar esa tensión y trauma y te ayudarán a abrir tu vida a un mundo libre de dolor. (Nota: si tu psoas ilíaco no se relaja o vuelve a contraerse después de los ejercicios de pandiculación, es posible que sufras una torsión del sacro, también conocida como torsión sacra, torsión de la pelvis o disfunción de la articulación sacroilíaca. En este caso, primero tendrás que corregir el sacro torcido. Te recomiendo el programa "Confortando tus articulaciones sacroilíacas" del educador somático Lawrence Gold).

- **1:** En primer lugar, túmbate en el suelo. Es preferible una superficie plana a una moqueta. Si tienes una colchoneta, te resultará más cómodo. Túmbate boca arriba con las rodillas levantadas y los pies bien apoyados en el suelo. Asegúrate de poder deslizar fácilmente cada pie y pierna por el suelo (de ahí que la moqueta no sea una buena superficie para esto). Coloca los brazos y las manos detrás de la cabeza. Ahora, inspira y arquea ligeramente la pelvis hacia el techo y contrae la espalda; luego espira y relájate.

- A continuación, cuando vuelvas a espirar, lleva la cabeza y la espalda hacia delante y haz que los codos apunten hacia la pierna. Luego, lleva una de las piernas hacia el codo y, a continuación, vuelve lentamente todo a la posición inicial, es decir, con tu cabeza y espalda en el suelo, tus codos y manos detrás de tu cabeza y tus rodillas y piernas en el suelo, con tus pies firmemente plantados en este.

- A continuación, haz lo mismo hacia el otro lado. Inspira y arquéate muy ligeramente, luego espira y relájate; en la siguiente espiración, mueve la otra rodilla hacia los codos y, luego, lentamente, vuelve a la posición inicial.

- Ahora, haz el mismo ejercicio, pero cuando vuelvas a apoyar los pies en el suelo, desliza la pierna y el pie por todo el suelo y flexiona los dedos. Inspira y espira cuando lo necesites. También puedes variar ligeramente para que, cuando vuelvas a subir y bajar la pierna, esta suba de forma más natural, de modo que tanto dicha pierna como el pie queden curvados hacia fuera en lugar de rectos. Puedes repetir el ejercicio varias veces con ambas piernas. Será interesante ver si notas alguna diferencia entre cada lado; tal vez un lado se sienta menos tenso que el otro. Independientemente de lo que sientas, después de hacer estos ejercicios durante un tiempo, notarás que tu psoas ilíaco no está tan tenso y que has conseguido liberar parte de esa tensión de tu cuerpo.

- **2:** Haz el mismo ejercicio, pero esta vez, mantén los brazos a los lados cuando levantes la rodilla. Luego, cuando esta vez deslices la pierna hacia fuera, lleva el brazo por encima de la cabeza desde el costado, como si estuvieras nadando de espaldas. Da una brazada, pasa el brazo por encima de la cabeza y relájate. Vuelve a la posición, repite y haz lo mismo con el otro lado del cuerpo. Este ejercicio te ayudará con los músculos de la parte superior de la espalda; si el psoas ilíaco está tenso, deberías sentirlo a lo largo del costado del cuerpo.

Existen también algunos ejercicios sencillos que puedes realizar para garantizar la pandiculación de todos los grupos musculares.

- Este ejercicio te ayudará a trabajar los bíceps. Puedes hacerlo de pie o sentado. Solo tienes que llevar el antebrazo hacia ti lentamente, como si estuvieras levantando una mancuerna, y luego dejar que vuelva lentamente a su posición y se relaje. Si es necesario, puedes colocar ligeramente los dos primeros dedos de la otra mano sobre el brazo para oponer un poco de resistencia, lo que ayudará a tu cerebro y a tu sistema nervioso a entender lo que está pasando y a no provocar ninguna posibilidad de desarrollar AME (atrofia muscular espinal).

- Definitivamente tengo un problema con llevar la cabeza hacia delante todo el tiempo, sobre todo cuando estoy encorvado sobre la computadora. El siguiente ejercicio ayudará a remediar esto: Arrodíllate, arquéate lentamente, lleva el vientre y la cabeza hacia atrás poco a poco y luego relájate. Si necesitas un poco de resistencia, puedes colocar una mano debajo del pecho y otra sobre el vientre. Tu columna vertebral y la parte delantera de tu cuerpo deberían sentirse en armonía después de hacer este ejercicio. En lugar de estar encorvado con la cabeza hacia delante, deberías poder sentarte recto con la cabeza bien asentada en la parte superior del cuerpo, donde debe estar.

Estos ejercicios te ayudarán a largo plazo de una manera que los estiramientos no pueden. La pandiculación de tus músculos hará maravillas. Con algo de suerte, los días de dolor interminable, inflexibilidad o dificultad para moverse habrán desaparecido. Y todo gracias a algo que puedes hacer fácilmente en casa de forma gratuita.

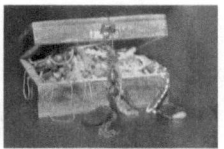

# 6

# UN HALLAZGO DE PRÁCTICAS
## SOMÁTICAS

**E**n este capítulo voy a esbozar algunas de las prácticas somáticas más poderosas. Te será todo un hallazgo. Todos estos años has estado cavando en busca de diamantes y oro sin suerte, hasta ahora. Hoy encontrarás ese tesoro que necesitabas, tu olla de oro al final del arco iris. Estas son prácticas sencillas que puedes realizar en tu propio tiempo y espacio. Además, no se requieren equipos especiales ni grandes gastos. No está demás decir que estas prácticas están respaldadas por auténticas pruebas científicas, por lo que sé que funcionan; pronto, tú también lo sabrás.

## LA TEORÍA POLIVAGAL Y EL NERVIO VAGO

La teoría polivagal fue desarrollada por Stephen Porges y nos ayuda a comprender mejor nuestro sistema nervioso. Dicha teoría surgió de su estudio del nervio vago, el cual interviene como elemento tranquilizador del sistema nervioso. Este se equilibra con el elemento activo, por lo que, si hay más calma, entonces se necesita menos actividad. Si hay más actividad, se necesita menos calma. La teoría polivagal describe un tercer elemento, lo que Porges denomina "Sistema de compromiso social", una combinación de los aspectos activos y calmantes (Wagner, 2016).

Como su nombre indica, es el aspecto de compromiso social el que nos ayuda a desenvolvernos en las relaciones y a afrontar mejor cualquier conflicto que pueda surgir.

El sistema nervioso tiene dos elementos principales cuando sentimos que estamos en grave peligro: el elemento que se ocupa de nuestra respuesta de lucha o huida y la parte que se ocupa de desconectarnos por completo (recordemos el método "flop" para afrontar el peligro). Para que el sistema de compromiso social se active, tiene que haber una sensación de seguridad.

Aquí entra en juego el nervio vago, que ayuda a calmar el cuerpo; el mismo presenta dos aspectos principales, cada uno de los cuales se comporta de manera muy diferente. El aspecto de desconexión se produce a través de una parte del nervio vago. Cuando se produce esta desconexión, la persona suele sentirse muy cansada y quizás mareada, como si tuviera gripe. Esto puede repercutir en el corazón, los pulmones, el diafragma y el sistema digestivo.

La otra parte del nervio vago incide por encima del diafragma. Es la parte que se ocupa del sistema de compromiso social y nos ayuda a controlar nuestro sistema nervioso. Por ejemplo, si alguien está escalando, lo normal sería aflojar la cuerda lentamente para que baje con seguridad; no hay que soltar la cuerda de golpe. Esta es la función del nervio vago: mantener el sistema nervioso regulado y evitar que se vuelva hiperactivo. Mientras que la respuesta de lucha o huida puede tardar segundos en producirse y la recuperación puede llevar de 10 a 20 minutos, la respuesta de calma del nervio vago tarda apenas milisegundos. Por lo tanto, deberíamos ser capaces de calmar nuestras respuestas del mismo modo que se afloja la cuerda lentamente para que un escalador controle su descenso por la pared de un acantilado.

Un buen ejemplo de compromiso social en acción consiste en ir al parque y observar a los perros. Algunos se muestran agresivos con otros perros o huyen, y sus dueños tienen que perseguirlos; estos perros se encuentran en modo lucha o huida. Sin embargo, si ves perros jugando alegremente, moviendo la cola, deseando que les lancen un palo o una pelota y saltando amistosamente hacia sus dueños, verás que se sienten en un espacio seguro y están empleando el sistema de compromiso social.

Si una persona tiene un trauma que no ha conseguido liberar, puede acabar para siempre en un mundo de lucha o huida; en lugar de dedicarse felizmente a sus actividades cotidianas con su sistema de compromiso social en plena sintonía, todo se convierte en una tarea de pavor y miedo.

De hecho, el nervio vago incide en el oído medio, que puede ayudarnos a centrarnos en las voces humanas y eliminar todo el ruido de fondo innecesario. Además, influye en nuestra capacidad para hacer expresiones faciales, otro elemento esencial para la comunicación. Por último, el nervio vago también interviene en las cuerdas vocales y en los ruidos que nos hacemos los unos a los otros con el fin de comunicarnos de forma calmada. Este nervio es el más largo del cuerpo; si te preguntas de dónde proviene su nombre, debes saber que, en latín, *vago* significa "deambular". Es bastante obvio que sea un nervio largo dado su nombre.

En última instancia, encontrar formas de reajustar y ejercitar este nervio a fin de sentirnos felices, seguros y activos puede hacernos la vida mucho más fácil.

## EJERCICIO #1

El primero es un ejercicio muy sencillo. Empieza por sentarte y mover la cabeza lentamente hacia la izquierda, de vuelta al centro y luego hacia la derecha. ¿Hay alguna diferencia entre cada lado? ¿Te resulta más difícil mover la cabeza hacia un lado que hacia el otro? Cuando descubrí este ejercicio por primera vez, me resultaba un poco más difícil mover la cabeza hacia el lado derecho que hacia el izquierdo. A continuación, túmbate boca arriba con las rodillas levantadas y los pies bien apoyados en el suelo. Cuando tengas experiencia con este ejercicio, podrás hacerlo sentado o incluso de pie, pero las primeras veces deberás estar tumbado. Coloca las manos detrás de la cabeza, con los dedos entrelazados y los codos apuntando hacia fuera, de modo que puedas sujetar la cabeza con las manos. Luego, mueve los ojos hacia la derecha. Utiliza las manos para sostener la cabeza y no moverla. Recuerda mover solo los ojos. Mantenlos en esa posición durante 30 segundos. Después, relájate y deja que tus ojos vuelvan al centro. Si notas que necesitas tomar aire o tienes ganas de tragar, es señal de que el ejercicio está funcionando.

Ahora, haz lo mismo con el otro lado: Mueve los ojos hacia la izquierda, sin mover la cabeza y manteniéndola en el centro, y aguanta así 30 segundos. Después, relájate y deja que tus ojos vuelvan al centro. Tómate un momento, luego vuelve a la posición inicial y mueve la cabeza de un lado a otro para comprobar si ha mejorado la movilidad. Por cierto, 30 segundos es el tiempo mínimo para mantener los ojos en posición. Si no se produce ninguna reacción, como respirar hondo o tragar saliva, puedes mantener los ojos en posición durante 60 segundos o más. Como mencioné anteriormente, cuando descubrí este ejercicio por primera vez, me resultaba un poco más difícil girar la cabeza hacia el lado derecho. Una vez hecho el ejercicio, descubrí que podía mover la cabeza sin restricciones por igual hacia ambos lados. ¡Este ejercicio sin duda funciona!

## EJERCICIO #2

El segundo ejercicio que puedes hacer es simplemente sentarte. Ya sea en el suelo o en una silla, lo importante es que estés cómodo. Coloca la mano derecha en la parte superior de la cabeza e inclínala hacia la derecha. Mueve solo los ojos. Mantén esa posición durante 30 segundos. Después, relájate y vuelve a la posición normal. Ahora, haz lo mismo pero para el otro lado. Coloca la mano izquierda sobre la cabeza e inclínala hacia la izquierda. Mueve los ojos hacia arriba y hacia la derecha. Mantén la posición durante 30 segundos. Una vez más, puedes mantener la posición durante más tiempo si no notas ningún efecto.

## EJERCICIO #3

Para el tercer ejercicio, siéntate una vez más y coloca tu mano derecha sobre tu cabeza para inclinarla hacia la derecha. Ahora, con la mano izquierda, sujeta tu cuerpo por el costado derecho. A continuación, mueve la cabeza hacia el lado derecho y utiliza la mano izquierda para tirar de tu lateral. De nuevo, mueve únicamente los ojos hacia arriba y hacia la izquierda, y mantén la posición durante 30 segundos. A continuación, afloja la postura y relájate. Deberías sentirte un poco más tranquilo después de haber realizado este ejercicio. Realiza lo mismo del otro lado. Primero, pon la mano izquierda encima de la cabeza e inclínala hacia la izquierda. Utiliza la mano derecha para acercarte al lado izquierdo de tu cuerpo y tirar de tu lateral. A continuación, mueve los ojos hacia arriba y hacia el lado derecho y mantén la posición durante 30 segundos. Una vez más, afloja la postura y relájate.

EJERCICIO #4

Para el siguiente ejercicio, busca un lugar cómodo donde tumbarte. Si tienes una colchoneta para hacer ejercicio o yoga, probablemente sea lo mejor. A mí no me resulta muy divertido tumbarme boca abajo en una moqueta, ¡pues me recuerda que tengo que pasar la aspiradora! Una vez preparado, te vas a poner sobre los codos, con las manos apuntando hacia delante y apoyadas en el suelo. A continuación, gírate hacia la izquierda y mira por encima del hombro. Como de costumbre, mantén la posición durante 30 segundos. Afloja esa posición y relájate; si quieres, túmbate boca abajo durante unos instantes. Ahora haz lo mismo, pero esta vez mira por encima del hombro derecho. Mantén la posición durante 30 segundos, luego afloja y relájate. Como en este ejercicio utilizas los músculos del cuello, te será muy bueno si tienes tensión en esa zona y, como consecuencia, sufres dolores de cabeza y migrañas. Si haces este ejercicio, liberarás parte de la tensión y podrás aliviar el dolor.

Lo creas o no, la respiración también puede influir en tu nervio vago y viceversa. A esto se le conoce como "tono vagal", que básicamente representa la actividad de tu nervio vago (Fallis, 2021). Cuanto mayor sea tu tono vagal, más fácil te resultará volver a un estado de relajación después de un momento de estrés. Así pues, encontrar una forma de activar nuestro nervio vago y aumentar nuestro tono vagal debería hacernos sentir menos estresados, menos ansiosos y, en general, más felices. Un estudio de 2010 descubrió que las personas con un tono vagal alto tenían sentimientos generalmente positivos y gozaban de buena salud física (Kok et al., 2013). Incluso ha habido estudios que sugieren que si las madres están ansiosas y estresadas durante el embarazo (lo que les da un tono vagal bajo), esto se transmite al bebé cuando nace, que acaba teniendo el mismo tono vagal bajo (Field y Diego, 2008). Incluso, aunque se trate de algo extremo, existe un dispositivo que se puede colocar en el cuerpo para activar el nervio vago de vez en cuando. La respiración lenta y profunda puede activar el nervio vago y aumentar el tono vagal.

Por lo tanto, a estas alturas, sería bueno darte algunos ejercicios de respiración para activar tu tono vagal. Todos estos ejercicios tienen diferentes propósitos. El primero es permitirte relajarte.

## EJERCICIO DE RESPIRACIÓN #1

Puedes empezar por sentarte y poner los brazos alrededor de la caja torácica y el vientre o puedes usar una almohada para ponerla delante de ti. Básicamente, te colocas en posición de abrazo. A continuación, inspira hasta que tengas una sensación de plenitud y aguanta cuatro segundos; después, espira durante más tiempo del que has inspirado y aguanta seis segundos. Si quieres, puedes "abrazarte" un poco más fuerte al espirar, ya que eso es lo que activa el nervio vago. Puedes trasladar este ejercicio al suelo para que sea incluso más relajante. Túmbate boca arriba o boca abajo. Si estás boca arriba, con las rodillas levantadas y los pies apoyados en el suelo, presiona el vientre y el pecho con las manos. Si estás tumbado boca abajo, quédate estirado y coloca una almohada o un cojín bajo el vientre o el pecho para añadir presión.

A continuación, inspira durante seis segundos y mantén la respiración durante cuatro. Fíjate si puedes sentir el ritmo de los latidos de tu corazón y úsalo al contar hasta cuatro. Exhala durante ocho segundos y aguanta cuatro segundos; repite la operación. Si crees que puedes aumentar el tiempo de espiración, inténtalo. Es esa duración de la exhalación lo que realmente alerta al nervio vago y te lleva a un lugar de relajación. Una última cosa que puedes hacer para relajarte aún más es tumbarte boca arriba con las rodillas levantadas y los pies bien apoyados en el suelo. Coloca algo debajo de las nalgas y la parte baja de la espalda. Así te asegurarás de que la pelvis esté más elevada que la cabeza. Si la sangre fluye hacia la cabeza, el nervio vago se pone inmediatamente en alerta y empieza a disminuir el ritmo cardíaco y a relajarte. Inspira hasta que te sientas lleno. Traga y espira durante más tiempo del que has inspirado. Después, haz una pausa momentánea hasta que sientas la necesidad de volver a inspirar. A continuación, inspira hasta que te sientas lleno. Traga y espira durante más tiempo del que has inspirado. Haz una pausa hasta que necesites volver a inspirar. Repítelo una y otra vez. Así entrarás en un estado de profunda relajación y calma.

## EJERCICIO DE RESPIRACIÓN #2

El siguiente ejercicio activará tu nervio vago y es muy fácil de hacer. Vocalizar sonidos puede ser realmente beneficioso, por eso cantar suele sentar tan bien. El primer sonido que debes hacer es un "mmm". Respira hondo (con el abdomen, no superficialmente con el pecho) y, al espirar, haz ese sonido "mmm" todo el tiempo que puedas. Vuelve a respirar hondo y, al espirar, emite esta vez el sonido "ahhh". Respira hondo y, al exhalar, emite un sonido "ooh". Por último, respira hondo y haz los tres sonidos seguidos hasta que te quedes sin aliento: "mmm, ahhh, ooh". Hacer estos sonidos es una forma muy buena de activar el nervio vago en esos momentos en los que te sientes estresado.

## MEDITACIÓN GUIADA

Ahora voy a proporcionarte una meditación guiada para la estimulación del nervio vago. Como todos los ejercicios para el nervio vago, esta meditación te ayudará a relajarte, sentirte tranquilo y liberar cualquier tensión. Para ello, asegúrate de estar sentado cómodamente.

- **1:** Inspira durante seis segundos (hazlo desde el vientre y el diafragma y no desde el pecho) y mantén la respiración durante cuatro segundos.
- **2:** Espira durante ocho segundos y mantén la respiración durante cuatro segundos.
- **3:** Sigue repitiendo.
- **4:** Lo más importante es recordar que la espiración debe durar más que la inspiración. Aunque te

relajes lo suficiente como para dejar de contar, debes asegurarte de que la espiración sea más prolongada. Es esta larga espiración la que estimula el nervio vago, te tranquiliza y libera cualquier tensión.

- **5:** Deja de respirar, vuelve a ser consciente de todo tu cuerpo y, cuando te sientas preparado, abre los ojos.

## PENDULACIÓN

El término "pendulación" fue acuñado por el rey de la experiencia somática, Peter Levine. Como probablemente puedas adivinar por su nombre, describe algo parecido a un péndulo, pero lo que oscila, en este caso, son tus sentimientos, emociones y sistema nervioso. Oscilarás entre el estado de miedo y lucha o huida y el estado tranquilo y relajado en el que el nervio vago está estimulado y el tono vagal es alto. Si una persona puede aprender a moverse entre esos dos estados, entonces, cuando entra en un estado de ansiedad o estrés y se siente tensa o dolorida, puede aprender a pasar al otro estado y tener la oportunidad de estar más relajada, tranquila y a gusto. Por supuesto, no todo es tan sencillo. A veces, lo único que se puede hacer es pasar a un estado menos doloroso o menos ansioso, pero igualmente sigue siendo mejor que estar como al principio. Además, esto significa que puedes avanzar poco a poco cuando te encuentres en esos lugares oscuros y angustiosos. Tú tienes el control, así que no tienes que enfrentarte a todo de golpe. Puedes abordarlo y luego volver a tu espacio de seguridad. Después de todo, ¿cómo puedes saber realmente lo que es sentirse feliz si no te has sentido triste antes? ¿Cómo puedes saber lo que es la calma sin haberte sentido estresado? Ambos estados tienen que existir, y tenemos que comprenderlos y aprender a apreciar tanto lo negativo como lo positivo.

Peter Levine lo compara con la contracción y la expansión, pues el ritmo básico de la vida consiste en contracciones y expansiones. Sin embargo, cuando una persona sufre un trauma, el ritmo se convierte en contracción y nada más. Mediante la pendulación, la contracción puede abrirse poco a poco a una expansión. Así, seguirá habiendo contracciones (recuerda el ritmo de la vida), pero habrá una expansión hasta que la persona sea capaz de tolerar la contracción, sabiendo que vendrá una expansión mayor. Quienes están contentos con la vida y la viven al máximo aprenden a respetar y apreciar la contracción, pues saben que esta conduce a la expansión cuando están tranquilos y dispuestos (Experiencia Somática Internacional, 2019).

En un momento, veremos un ejercicio de pendulación. Este primer ejercicio es especialmente útil si tienes dolor o sientes tensión en una parte concreta del cuerpo.

## EJERCICIO DE PENDULACIÓN

Para este ejercicio, vas a pensar en dos partes de tu cuerpo. En primer lugar, piensa en la parte del cuerpo que te duele. Tenemos que reconocer el dolor en el cuerpo antes de pensar en cualquier otra cosa. A menudo me duele la parte superior de la espalda si no me he sentado bien en el escritorio, así que para este ejercicio me concentraré en esa parte y reconoceré el dolor, pero al mismo tiempo le daré un masaje para que sepa que me preocupo al respecto. A continuación, piensa en una parte de tu cuerpo que no te duela y no te cause ningún problema. Tal vez sea el pelo, tal vez el dedo gordo del pie. Sea lo que sea, piensa en esa zona y en lo buena que es, en que no te duele y en que te ayuda a conseguir lo que quieres. Luego, alterna entre ambas partes. Piensa en el dolor y luego en la parte buena de tu cuerpo. Ir y venir representa la pendulación. Contrae el dolor y expande la zona "buena" de tu cuerpo. Como ya dije, este ejercicio es bueno si te duele algo en concreto o si estás ansioso y eso se ha manifestado como un síntoma físico. Concéntrate en ello. Puede que te duela el estómago o la cabeza o que sientas picor en los brazos. Piensa en una parte de tu cuerpo que no esté afectada y alterna entre las dos. La ansiedad debería remitir gradualmente a medida que reconoces la ansiedad y una parte de tu cuerpo que funciona bien. Si lo deseas, puedes ralentizar la respiración mientras realizas el cambio para que el nervio vago se active y te ayude a calmarte.

## TITULACIÓN SOMÁTICA

Puede que el término "titulación" suene complejo, pero no es un concepto difícil de entender. En este ámbito, la titulación es un proceso que consiste en abordar el trauma poco a poco. Si una persona tuviera que enfrentarse a su trauma de golpe, sería abrumador. Mediante la titulación, es posible recordar poco a poco el trauma y sentirse cómodo con este. No se trata únicamente de ralentizar el trauma, sino de tomarse tiempo para apreciar cómo se siente el cuerpo, las sensaciones percibidas y el mundo que nos rodea. Podría decirse que la pendulación utiliza la titulación porque te anima a centrarte no solo en la parte que te duele, es decir, luego de fijarte en esa zona durante un rato, prestas atención a una parte no adolorida y así sucesivamente. Poco a poco vas pensando en el trauma; no te centras exclusivamente en la parte que te duele hasta sentirte por completo agobiado.

El nombre "titulación" proviene de un término químico que describe el goteo lento de sustancias químicas potencialmente peligrosas en un vaso de precipitados para que el cambio químico (convertir estas sustancias químicas en una sustancia inofensiva) se produzca de forma segura. La opción menos segura sería introducir todas las sustancias químicas a la vez, lo que provocaría una explosión.

## TERAPIA COGNITIVO-CONDUCTUAL

La terapia cognitivo-conductual (TCC) es un tipo de terapia dirigida específicamente a quienes pueden tener dificultades de salud mental. Se basa en la teoría de que las personas tienen formas de pensar que no son beneficiosas para ellas, y estas formas de pensar poco útiles se convierten en un hábito o en un patrón de comportamiento. Al enseñar a las personas formas más útiles de pensar, es posible que estas puedan hacer frente a sus problemas de ansiedad, depresión o de cualquier otro tipo, llegando incluso a superarlos.

Como la TCC implica cambiar la forma de pensar y los patrones de conducta del pensamiento, normalmente incluirá conseguir que la persona se dé cuenta de en qué aspectos sus pensamientos son exagerados o poco moderados. Este tipo de terapia intenta que la persona reconozca la realidad de esa situación y cambie su forma de pensar en consecuencia. La misma puede proporcionar ciertas habilidades de resolución de conflictos para ayudar a la persona con situaciones particularmente complejas. También puede incluir dotar a la persona de confianza en sí misma y en sus instintos.

He tenido familiares cercanos que han recibido TCC. Aunque aprecio su capacidad para conseguir que una persona afronte mejor lo que está viviendo (proporcionándole un conjunto de herramientas para aplicar cuando siente que las cosas se le van de las manos), no siempre aborda la raíz del problema, pues a menudo pasa por alto la causa real de la depresión o ansiedad.

Sin embargo, no puedo negar la evidencia que existe a favor de la idea de que la TCC puede marcar una gran diferencia en la vida de una persona y ayudarla a contener y controlar las dificultades que atraviesa. Un estudio de análisis de ensayos controlados concluyó que la TCC es eficaz para tratar la depresión mayor, aunque su efecto no es muy grande (Lynch et al., 2009). Un estudio similar que trató datos anteriores concluyó que la TCC trata eficazmente muchos casos de depresión, ansiedad, trastornos de pánico, fobias sociales y TEPT (Butler at al., 2006). Dado que existen pruebas empíricas que respaldan la eficacia de la TCC, su uso se ha convertido en un tratamiento oficial para las personas con problemas de salud mental.

Puede que pienses que la TCC es algo que tienes que realizar junto con un terapeuta, pero, de hecho, la tarea del terapeuta es darte las herramientas necesarias para que tú mismo las utilices en tu vida diaria y puedas combatir tus peores pensamientos y sentimientos. En general, es posible hacer los ejercicios uno mismo. Aquí esbozaré un excelente y sencillo ejercicio de TCC a seguir. Este ejercicio es especialmente adecuado para las personas que a menudo se sienten deprimidas o ansiosas.

## EJERCICIO DE TCC #1

Primero, escribe los pensamientos negativos que tienes en la cabeza. Tal vez sea algo como: "No le gusto a nadie", "Soy un inútil" o cualquier otro pensamiento desestabilizador que tengas. Después, escribe la posibilidad positiva opuesta: "Soy simpático" o "Soy útil". Al principio, puede resultar muy difícil aceptar la segunda afirmación. Sin embargo, con el tiempo, cuanto más repitas el ejercicio y más a gusto te sientas contigo mismo, más empezarás a aceptar la segunda afirmación como un hecho.

## EJERCICIO DE TCC #2

Si estás pensando de forma negativa respecto a algo, puedes hacer este ejercicio. Intenta ignorar ese pensamiento negativo por un momento y, en su lugar, concéntrate en cinco cosas positivas. Imagina que no te gusta una habitación porque odias la alfombra; intenta pensar en cinco cosas positivas de la habitación, como las grandes ventanas, las grandes puertas, los cuadros de la pared, la redondez de la mesa y la luz que entra cuando hay sol. Intenta pensar en cinco cosas buenas de aquello que te parezca negativo. Si puedes encontrar a alguien con quien hacerlo, mejor aún, pues así podrán trabajar codo con codo y contagiarse el entusiasmo buscando cosas positivas.

## PSICOLOGÍA ENERGÉTICA

¿Qué es la psicología energética? David Feinstein, uno de los primeros defensores de la psicología energética, la describió muy bien como "acupuntura sin agujas" ("Psicología energética", 2017). A pesar de ser una simplificación, no deja de ser una descripción acertada. La psicología energética consiste en aplicar toques en varios puntos del cuerpo, que enviarán mensajes al cerebro para regular las emociones y los sentimientos y ayudar a calmar y relajar al paciente. Normalmente, los toques se realizan a la vez que se toma conciencia del cuerpo y de los sentimientos, pensamientos y comportamientos que es necesario cambiar. Es posible que la persona sometida a este tipo de terapia tenga que recordar un suceso traumático mientras se realiza el toque.

Si el trauma está atrapado en el cuerpo, entonces el empleo del toque puede ser la manera de liberar ese trauma y traer alivio y paz a la persona. Existen varios tipos y técnicas de psicología energética. ("Psicología energética", 2017) Estos incluyen:

- **Terapia del Campo Mental (TCM):** Este tipo de terapia requiere que el punteo corporal se produzca en un orden muy específico. Se pide a la persona que recuerde un suceso traumático y, a continuación, se realiza el tratamiento en la secuencia requerida. Esta forma de terapia fue desarrollada por el Dr. Roger Callaghan, que afirmaba haber creado algoritmos relativos al orden correcto en el que realizar el toque.
- **Técnica de Acupresión Tapas (TAT):** La palabra tapas me da hambre. Sin embargo, esta técnica no tiene nada que ver con esos deliciosos bocados españoles. El título de esta técnica toma su nombre del hombre que la inventó: Tapas

Fleming. Esta técnica requiere que alguien utilice sus dedos para aplicar presión en zonas alrededor de los ojos, encima de la nariz y en la parte posterior de la cabeza. A continuación, es posible que la persona tenga que centrarse en imágenes que le hayan causado angustia en el pasado y, posteriormente, centrarse en imágenes más positivas. Después, debe centrarse en lo que cree que puede haber causado sus problemas y, por último, enfocar su atención en la curación y el perdón.

- **Técnica de Liberación Emocional (EFT):** Esta técnica es similar a las demás. Requiere que una persona recuerde un suceso traumático y que se hagan golpecitos en 12 puntos del cuerpo en un orden específico mientras la persona hace afirmaciones. Esta técnica fue desarrollada por Gary Craig y es una variante de la Terapia del Campo Mental.

Puede que estos métodos parezcan propios de la práctica de un terapeuta; sin embargo, puedes aprenderlos y ponerlos en práctica de forma autodidacta. Como con todas las terapias y técnicas de este libro, te resultará muy sencillo encontrar tiempo para incorporar los métodos recién mencionados a tu rutina diaria.

Al igual que ocurre con muchas terapias nuevas, todavía no hay pruebas científicas que demuestren el verdadero valor de la psicología energética, pero cada vez hay más estudios que sugieren que puede tener un impacto positivo en las personas que sufren traumas, ansiedad y estrés. Feinstein llevó a cabo una investigación sobre todos los estudios realizados y llegó a la conclusión de que la psicología energética sí marca una valiosa diferencia a la hora de tratar a aquellos con problemas emocionales y psicológicos (Feinstein, 2012). Por supuesto, Feinstein es un gran defensor de la psicología energética, así que, para ser justos, hay que tomar sus palabras con pinzas. Sin embargo, él hace referencia a muchos estudios independientes de todo el mundo, por lo que también se puede concluir que debe haber algo de verdad si tantas personas están notando un impacto positivo. Personalmente, defiendo firmemente la EFT, pues he notado grandes cambios positivos en lo que respecta a mi ansiedad, TOC y otros tantos problemas.

## EJERCICIO DE PSICOLOGÍA ENERGÉTICA #1

¿Listo para probar un ejercicio de psicología energética? Vamos a ello. En primer lugar, siéntate cómodamente. Busca una zona en el lado izquierdo del pecho o justo por encima que te duela o esté un poco tensa. Frótala haciendo círculos con los dedos sobre esa zona y luego di algunas afirmaciones a la vez. Por ejemplo: "Me quiero, me respeto y me aprecio a pesar de mis defectos". Puedes seguir diciéndolo mientras frotas la zona dolorida. A continuación, inspira profundamente y espira muy despacio. Haz una pausa momentánea y piensa en cómo te sientes y en cómo se siente tu cuerpo después.

## EJERCICIO DE PSICOLOGÍA ENERGÉTICA #2

Para el siguiente ejercicio, cruza el tobillo izquierdo sobre el derecho y levanta los brazos hacia delante y hacia fuera, de modo que los pulgares queden hacia abajo. Haz con las manos lo mismo que con los tobillos. Junta las manos de modo que los dedos queden entrelazados y gíralas hacia dentro. A continuación, pon las manos sobre el pecho de la forma más cómoda posible. Ahora, inspira por la nariz y espira por la boca. Hazlo cinco veces. Después puedes relajarte. Descruza todo y vuelve a hacer una pausa para observar cómo se siente tu cuerpo. A continuación, haz el mismo ejercicio, pero esta vez pon el tobillo derecho sobre el izquierdo y la mano izquierda sobre la derecha. Vuelve a girar las manos y los brazos hacia dentro y, al igual que antes, inhala por la nariz y exhala por la boca cinco veces. Una vez hecho esto, relájate y descruza todo. Tómate un momento para concentrarte en cómo te sientes y cómo se siente tu cuerpo. Por último, para terminar, junta los cinco dedos de ambas manos y levántalos para formar una especie de pirámide. Siéntete presente y consciente en ese momento. Respira profundamente utilizando el vientre y no el pecho. Después de unas cuantas respiraciones, relájate y vuelve a pensar en cómo te sientes.

## EJERCICIO DE PSICOLOGÍA ENERGÉTICA #3

Una vez que te sientas seguro con el ejercicio de cruzar los tobillos y las manos, hay una versión un poco más compleja que tal vez quieras hacer. Consiste en mirar al techo o al cielo al inspirar y al suelo al espirar. Luego, para complicarte un poco más las cosas, mueve la lengua hacia el paladar al inhalar y hacia el fondo de la boca al exhalar. Esta versión del ejercicio tiene bastantes cosas a tener en cuenta, así que empieza con el ejercicio sencillo y, una vez que lo tengas dominado, quizás puedas pasar a esta versión más compleja y ver cómo te va. Después, relájate y descruza el cuerpo. Una vez más, haz la forma de pirámide con las manos y tómate un tiempo para estar en el momento presente y ser consciente de cómo se siente tu cuerpo. Como puedes ver, no hace falta pensar mucho ni tumbarse ni adoptar posturas difíciles. Esta es una actividad que puedes incluir fácilmente al levantarte o antes de irte a dormir. En cualquier momento que tengas unos minutos para ti, intenta que forme parte de tu día a día.

## PSICOTERAPIA SENSOMOTRIZ

Los responsables de nombrar las terapias adoran las palabras difíciles, ¿verdad? Por si no lo recuerdas, ya introdujimos anteriormente la palabra sensomotriz en este libro al hablar de la amnesia sensomotriz. Este tipo de psicoterapia, como la mayoría en el ámbito de la terapia somática, se concentra en el cuerpo para desbloquear y liberar traumas atrapados.

Pat Ogden empezó a desarrollar este tipo de terapia después de haber trabajado en un hospital psiquiátrico y haberse dado cuenta de que allí los pacientes nunca relacionaban sus dolencias físicas con sus problemas de salud mental. Ella se dio cuenta de que quienes asistían a terapia tendían a revivir y desencadenar sus experiencias traumáticas, y eso no les ayudaba realmente a curarse. Ogden se propuso rectificar esta situación combinando elementos de psicoterapia con elementos de terapia somática, algo que acentuara el vínculo entre el cuerpo y la mente y no lo obviara. Ogden se

unió a Ron Kurtz y juntos formaron un instituto de formación conocido como el Instituto de Psicoterapia Sensomotriz
(Psicoterapia Sensomotriz, 2015).

Al igual que la mayoría de las terapias somáticas, la psicoterapia sensomotriz sostiene que el trauma puede quedar
atrapado en el cuerpo si no se trata en su totalidad en el
momento, por lo que puede dar lugar a problemas tanto
físicos como mentales. Dicha terapia intenta encerrar el
trauma en un espacio seguro y no implica necesariamente que
haya que recordar los detalles exactos de dicho trauma para
liberarlo eficazmente.

Aunque la forma de aplicar la psicoterapia sensomotriz
puede variar según el profesional y los problemas que se abor-
den, hay tres elementos principales en los que hay que
centrarse:

- **1: Crear un espacio seguro:** Hacer esto permite
  que la persona se sienta cómoda y pueda ser
  realmente consciente de su cuerpo, sus
  sentimientos, sus sensaciones, sus movimientos y
  sus patrones de respiración. Tener un lugar en el
  que la persona se sienta protegida le ayuda a ser
  consciente de su cuerpo y de lo que siente, tanto
  en ese momento como cuando se relaciona con
  experiencias pasadas.
- **2:** Cuando una persona recuerda su experiencia
  traumática, es importante observar tanto **lo que
  siente** como **dónde lo siente**. Por ejemplo, si una
  persona dice que siente ansiedad, ¿dónde la siente?
  ¿Tiene un nudo en el estómago? ¿Le duele la
  cabeza? ¿Siente la necesidad de rascarse la piel?

Esto puede ayudar a reimaginar cualquier suceso traumático incorporando esas sensaciones corporales.

- **3:** La persona debe **realizar la acción necesaria** para liberar el trauma. Esto debería darle una sensación de satisfacción, pues finalmente consigue ponerse en acción y dejar a un lado el trauma. Así, la persona debe ser capaz de encontrar esa calma y paz que toma forma tan pronto como el trauma queda en el pasado.

La psicoterapia sensomotriz pretende dotar a las personas de la capacidad de controlar sus reacciones ante sucesos traumáticos y darles conciencia de cómo el trauma puede repercutir en el cuerpo más allá de en la mente. También pretende proporcionar las herramientas necesarias para diferenciar el pasado del presente. Esta práctica permite tener en cuenta los pensamientos y sensaciones (tanto en la mente como en el cuerpo) y no dejarse abrumar por un acontecimiento traumático.

Todavía no se ha investigado mucho sobre la eficacia de la psicoterapia sensomotriz. Sin embargo, se realizó un estudio con diez mujeres con antecedentes de maltrato infantil. Las mismas participaron en 20 sesiones semanales de terapia de grupo en base a la psicoterapia sensomotriz. El estudio concluyó que se habían producido mejoras significativas en la conciencia de los cuerpos, la disociación y la aceptación de la paz y la calma (Langmuir et al., 2012).

Un aspecto empleado a menudo en la psicoterapia sensomotriz es el *grounding*. Cuando uno siente que ha perdido el equilibrio en el mundo y se siente inestable tanto mental como físicamente, hacer grounding es necesario. Los ejercicios de grounding se describen como la capacidad de plantar firmemente los pies en el suelo y tomarse el tiempo necesario para ser conscientes de nuestro cuerpo y de todo lo que nos rodea. A continuación, encontrarás algunos ejercicios elementales de grounding que puedes practicar en cualquier lugar:

- Estos ejercicios tienen algunas variaciones por las que puedes optar. Dicho eso, puedes colocar una mano en la frente y la otra en el corazón, una mano en la frente y la otra en el vientre, o una mano en el corazón y la otra en el vientre. Elige la combinación que prefieras o inténtalas todas. Una vez en posición, haz un poco de presión con las manos y respira hondo.
- Frótate las manos, sobre todo las palmas. Piénsalo casi como si tuvieras un palo entre ellas y necesitaras crear fuego. Una vez que las palmas se hayan calentado por la fricción, colócalas sobre los ojos, aplica un poco de presión y respira profundamente.
- Cruza los brazos y sujeta la parte superior de estos, de modo que la mano izquierda quede sobre la parte superior del brazo derecho. Aprieta suavemente y continúa haciéndolo hacia abajo y hacia arriba.
- Pon la mano derecha en el lado izquierdo del pecho y acaricia (como lo harías con un gato) desde el hombro hasta el corazón. Debo decir que esta parte me resulta especialmente reconfortante; hay quienes dicen que acariciar a un gato puede ser

terapéutico, así que tal vez sea la caricia lo que me reconforta.

- Pon un pie encima del otro y haz un poco de presión. Cambia de pie y haz lo mismo.

Estos son solo algunos ejercicios sencillos que puedes hacer en casa. En general, a diferencia de otras terapias ya mencionadas, la psicoterapia sensomotriz necesita la ayuda de un terapeuta que te guíe e interprete. Sin embargo, no es nada que no puedas aprender por ti mismo. Con los ejercicios de grounding, ya te he adelantado una serie de actividades que puedes practicar fácilmente en casa.

## TERAPIA GESTALT

La terapia Gestalt consiste en concentrarse en lo que está ocurriendo en ese momento y no basar el presente en lo que pueda haber ocurrido en el pasado. A quienes se someten a esta terapia se les pide que reimaginen esas experiencias pasadas. A través de diversas técnicas y herramientas, los pacientes toman conciencia de cómo sus propios patrones de pensamiento y comportamiento influyen negativamente en su vida. Si consiguen cambiarlos, podrán llevar una vida plena.

La palabra "Gestalt" puede significar conjunto o totalidad, y el psicoterapeuta que desarrolló este tipo de terapia, Fritz Perls, creía firmemente en la necesidad de tratar a las personas como un todo: mente, cuerpo y alma/espíritu. Este también creía que las personas solo podían ser comprendidas de verdad cuando veían las cosas a través de sus propios ojos, no volviendo mentalmente al pasado y quedándose allí, sino trayendo el pasado al presente. La terapia Gestalt defiende que no basta con hablar de lo que una persona siente respecto al pasado, sino que hay que recrear esos sentimientos en el presente. Si uno no consigue sacar a la luz los sentimientos pasados en el presente, puede tener problemas de salud mental y física. Peris creía firmemente que no habíamos venido a este mundo para intentar cumplir las expectativas de los demás y que, del mismo modo, los demás no estaban obligados a cumplir las nuestras (Clarke, 2021). Al proporcionar a las personas la capacidad de ser conscientes de sí mismas, apreciarán la conexión entre la mente y el cuerpo y encontrarán formas mucho mejores de enfrentarse a todos los golpes que la vida cotidiana pueda lanzarles.

Pero ¿funciona? Bueno, un estudio llevado a cabo en Hong Kong con padres ansiosos descubrió que, después de cuatro semanas de terapia Gestalt, los niveles de ansiedad de estos eran más bajos, estaban menos dispuestos a evitar experiencias internas, eran más amables consigo mismos y mostraban más atención plena en comparación con los que no habían seguido la terapia (Leung y Khor, 2017). Un estudio llevado a cabo en mujeres con depresión descubrió que la depresión se redujo eficazmente utilizando la terapia Gestalt (Heidari et al., 2017). Otro estudio realizado en mujeres divorciadas concluyó que, después de 12 sesiones de terapia Gestalt, estas mostraban mucha más confianza en sus capacidades (Saadati y Lashani, 2013). Si me preguntas por qué estos estudios se centran en mujeres, lamento decirte que no tengo una respuesta.

Yo diría que este tipo de terapia se practica mejor con un terapeuta que en solitario. Sin embargo, hay algunos ejercicios sencillos y sin complicaciones que puedes hacer en casa si quieres explorar esta área.

## EJERCICIO DE TERAPIA GESTALT #1

Este ejercicio se conoce como meditación de exploración corporal y nos ayuda a conectar con nuestro cuerpo, parte esencial de la terapia Gestalt y de la terapia de curación somática. Busca un lugar cómodo y tranquilo para tumbarte. Cierra los ojos y toma conciencia de tu respiración, de cómo entra y sale el aire del cuerpo y de cómo tu vientre sube y baja. Tómate unos minutos para concentrarte en cómo respiras y en lo que hace tu cuerpo. Después de esos minutos, empieza a concentrarte en los dedos del pie izquierdo e imagina que la respiración te recorre todo el cuerpo, baja por la pierna y llega hasta ellos. Concéntrate en cualquier sensación que puedas tener en los dedos de los pies y quédate con dicha sensación. Siente curiosidad por ella. Ahora, desplaza tu atención a lo largo del pie, desde los dedos hasta el talón y el tobillo. Desplázate hacia abajo con calma. En cada movimiento, vuelve a centrarte en esa parte del pie e imagina que tu respiración fluye hacia allí; enfócate en lo que tu cuerpo siente como resultado.

Desplázate por toda la pierna hasta la pelvis haciendo lo mismo. Luego repite la operación con la otra pierna. Ahora, concéntrate en el vientre y la parte baja de la espalda, luego en la parte superior de la espalda y el pecho, y sube por el resto del cuerpo hasta llegar a los hombros. Después, concéntrate en los dedos de ambas manos simultáneamente, subiendo por ambos brazos hasta que, de nuevo, llegues a los hombros. Ahora, cambia tu enfoque a la cabeza, subiendo por el cuello, la barbilla, la boca, la nariz, los ojos y todo lo demás; entonces, pasa por la nuca y termina en la parte superior de la cabeza. Ahora, cambia tu atención a todo el cuerpo y siente cómo la respiración entra por la parte superior de la cabeza y sale por la punta de los dedos de los pies. A continuación, siente cómo entra por los dedos de los pies y sale por la parte superior de la cabeza. Lentamente, vuelve a ser consciente de que tu vientre sube y baja con cada respiración. Empieza a mover algunas partes del cuerpo, como las manos y los pies, y cuando te sientas preparado, abre poco a poco los ojos. Puedes permanecer tumbado un rato antes de levantarte definitivamente del suelo y empezar a moverte de nuevo. También puedes aprovechar la oportunidad para anotar cualquier sensación especialmente fuerte que hayas tenido durante la meditación o hacer comparaciones sobre cómo se sintió el antes y el después.

## TERAPIA DE FOCALIZACIÓN

La focalización es exactamente lo que el término indica. Te enfocas en ti mismo y aprendes a escuchar esos sentimientos más íntimos que tu cuerpo está tratando de decirte. Cualquiera que haya aprendido los procedimientos puede practicar la focalización. Esta práctica puede realizarse tan a menudo como la persona lo desee, pues esta última está en pleno control de lo que sucede.

La focalización fue desarrollada por primera vez por Eugene Gendlin en la década de 1950, cuando investigaba qué era lo que hacía que la psicoterapia fuera beneficiosa para las personas. Él descubrió que las personas que parecían sacar más provecho de la psicoterapia eran las que tenían sentimientos que no eran fácilmente explicables. Sin embargo, estas personas eran capaces de proporcionar descripciones o crear imágenes de estos sentimientos. Esto hacía que las personas descubrieran lo que aún estaba por ser descubierto, lo que permitía que la psicoterapia siguiera avanzando. Gendlin también observó que esto solía ir acompañado de un suspiro o una respiración profunda por parte de la persona, lo que significaba una liberación de algún tipo. Para quienes se dedican a la curación somática, bien pueden decir que es el trauma lo que se está liberando (Jordan, 2016).

Gendlin ideó la focalización para ayudar a aquellos que no podían acceder tan fácilmente a la capacidad de extraer estos sentimientos indescriptibles tan profundamente ocultos. Inicialmente, él explicó que la focalización consistía en seis pasos principales:

- **1:** Haz espacio.
- **2:** Encuentra esos sentimientos internos desconocidos, que Gendlin describió como una "sensación percibida".
- **3:** Busca una descripción o título para tu "sensación percibida".
- **4:** Repite esos títulos o descripciones para asegurarte de que coincidan correctamente con la "sensación percibida".
- **5:** Intenta preguntar: Aquí es donde la persona que realiza la focalización se hace preguntas que no pueden responderse simplemente con un "sí" o un "no", como por ejemplo: "¿Qué fue lo difícil de eso? ¿Por qué no puedes superarlo? ¿Qué tuvo de bueno?"
- **6:** Ten una liberación en tu cuerpo, lo que Gendlin denomina un "cambio percibido". Es evidente que resulta muy beneficioso experimentar un "cambio

percibido", pero no es esencial. La focalización es un proceso continuo, por lo que el punto de partida y el punto de llegada de la persona que la realiza pueden ser muy diferentes (Jordan, 2016).

Un estudio de 87 personas descubrió que la focalización puede ser eficaz para proporcionar apoyo a quienes han sufrido traumas graves (Zweircan y Joseph, 2018). Algunos dirían que la evidencia está en la propia investigación de Gendlin cuando desarrolló la idea de la focalización.

Ahora vamos a recorrer los seis pasos que Gendlin identificó en forma de ejercicio, de modo que podrás comprobar si esta práctica puede marcar la diferencia en tu vida. Este ejercicio puede llevarte unos 20 o 30 minutos, así que tienes que liberar algo de espacio en tu agenda. En lugar de ver un programa de televisión en el que ya sabes lo que va a pasar, quizás puedas hacer este ejercicio en su lugar. Puedes tumbarte en la cama (quizás al despertarte o antes de dormir) o en el suelo. Si lo prefieres, también puedes sentarte en una silla con los pies apoyados en el suelo.

- **1:** El primer paso es despejar el espacio para poder hacer un rápido ejercicio de relajación. Ponte cómodo y respira hondo. Nota el peso de tu cuerpo en el suelo, la cama o la silla. Asegúrate de que la ropa no te apriete. Cierra los ojos. Inspira y espira, fijándote en tu respiración mientras lo haces. Hazlo varias veces y sé consciente de esta. Fíjate en cualquier parte del cuerpo donde haya tensión. Imagina esa tensión como un río de agua que corre por tu cuerpo y sale por los dedos de las manos y de los pies. Continúa respirando, dejando que esa tensión salga por esos extremos. Ahora, busca un lugar dentro de tu cuerpo donde te sientas en paz.

- **2:** Lentamente, pasa al siguiente ejercicio y encuentra esa "sensación percibida". Mantén los ojos cerrados y piensa en el centro de tu cuerpo. Intenta recordar una experiencia de la semana pasada que te haya preocupado o dificultado. Piensa en esa experiencia e intenta formar una imagen de ella en tu mente. Intenta dejar de lado todos los pensamientos que has tenido al respecto y busca esa "sensación percibida", esa sensación que tuviste cuando ocurrió esa experiencia y no cómo te sentiste después. Deja a un lado tus pensamientos y trata de sentir esa experiencia en ti.

- **3:** Ahora tienes que encontrar un título, una descripción o una imagen para esa "sensación percibida". Mantén los ojos cerrados, sigue respirando y observa si alguna palabra o imagen se te viene a la mente.

- **4:** Repite esa palabra o imagen y comprueba si te resuena. Observa si realmente coincide con la "sensación percibida" en el centro de tu cuerpo en relación con tu experiencia. Sigue comprobando una y otra vez. Cuando sientas que tu cuerpo está de acuerdo contigo, sabrás que has acertado.

- **5:** ¿Qué crees que te estás preguntando? El tipo de preguntas que puedan surgir depende de cada experiencia, pero quizás te estés preguntando cosas como: "¿Por qué me resulta tan difícil esta experiencia?" Entre pregunta y pregunta, espera un minuto más o menos para determinar qué te está diciendo tu "sensación percibida". Después, fíjate en qué palabras o imágenes se te vienen a la mente para etiquetar esa sensación. Ahora, intenta que tu cuerpo sienta cómo sería si esa situación o experiencia sobre la que has estado reflexionando fuera de hecho positiva. Tómate un minuto para sentirlo. Luego, pregúntate: "¿Qué es lo que impide que la experiencia se convierta en algo bueno?" No respondas con la mente. Debo decir que siempre me resulta difícil resistirme a esto, pero inténtalo. Necesitas volver a sentirlo en tu cuerpo. Al igual que con los otros puntos, esto puede llevar un minuto más o menos hasta que algo salga a la luz. Una vez más, escucha esa "sensación percibida" en tu cuerpo e inventa una palabra o imagen que pueda representar qué es lo que está impidiendo que la experiencia sea positiva. Por último, intenta ver si se te ocurre algo que pueda hacer que la experiencia negativa pase a ser positiva o, al menos, mucho más llevadera. De nuevo, no respondas con la mente. Deja que tu cuerpo hable. En este punto, puedes volver a hacerte preguntas. "¿Te parece bien hacer eso?" Si tu "sensación" te dice que no, entonces tienes que reconsiderarlo; si tu "sensación" te dice: "Sí, está bien", entonces puedes parar ahí.

Esperemos que, al final, sientas que tienes algún tipo de

respuesta a tu problema. Aunque no sea así, las soluciones pueden surgir más adelante. De momento, tómate un tiempo para hacer una pausa y valorarte. Aprecia el "pensamiento" que tu cuerpo ha hecho en relación con el problema que tienes.

Después, cuando te sientas preparado, abre los ojos y empieza a tomar conciencia de la habitación y de todo lo que te rodea. Si has tenido suerte, es muy posible que hayas liberado algo de tensión al final del quinto paso. Si no es así, no pasa nada. Como he dicho antes, ese no es el objetivo de la focalización. Lo importante es conocer tu cuerpo, comprenderlo y escucharlo para saber realmente lo que sientes y cuál es la mejor manera de resolver tus problemas.

## TERAPIA PSICODRAMÁTICA

No te preocupes. Nada de esto involucra a Anthony Perkins con una peluca al estilo *Psicosis* ni nada por el estilo. La terapia psicodramática es una forma de terapia que requiere que una persona realice acciones para resolver sus problemas. La misma puede incluir juegos de rol y terapia de grupo.

El psicodrama vio la luz a principios del siglo XX gracias al psiquiatra Jacob Moreno, que celebró su primera sesión de psicodrama en 1921. Moreno se convenció de la utilidad del psicodrama gracias a su apreciación de la terapia de grupo y a su propio interés por las artes teatrales. La idea que subyace al psicodrama es que, utilizando técnicas dramáticas, la persona encontrará la verdad y será capaz de ver la forma en la que se comporta con los demás y ante diversas situaciones, ayudándola a enfrentarse a los problemas emocionales que pueda tener en su vida. Esta terapia puede utilizarse para representar episodios pasados, presentes o futuros. Abordar los problemas de esta manera puede dar a las personas una nueva perspectiva sobre su malestar indicar la mejor manera de superarlo ("Psicodrama", 2016).

El psicodrama suele realizarse como terapia de grupo, donde se representa la experiencia de una persona y los demás miembros del grupo asumen otros papeles dentro de esa situación. Sin embargo, puedes llevar a cabo algunos aspectos del psicodrama por tu cuenta, aunque no es tan fácil de integrar en tu vida diaria como otras terapias.

La terapia psicodramática suele constar de tres secciones principales: calentamiento, acción y puesta en común. La sección de calentamiento sirve para fomentar la confianza y la seguridad y garantizar que los participantes se sientan dispuestos y cómodos en su entorno y en la terapia. Esto puede incluir que los participantes se presenten mientras representan algún tipo de papel. En la sección de acción, se representará una experiencia de la vida de la persona. Normalmente se utilizan ciertos métodos para conseguirlo, entre los que se incluyen:

- **Inversión de papeles:** La persona no se interpreta a sí misma, sino a otra persona importante en su vida. Esto puede ayudar a comprender mejor por qué el "otro" se comporta como lo hace, creando empatía; a su vez, hacer esto puede ayudar a la persona a comprender mejor su relación con el "otro".
- **Reflejo:** La persona se convierte en espectadora mientras los demás representan una experiencia de su vida. Esto puede ser útil si la persona se siente

muy separada de su ser, no está en contacto con sus emociones y sentimientos o si se siente excepcionalmente negativa sobre la experiencia.

- **Duplicación:** Alguien más asume el papel de la persona y expresa los pensamientos y sentimientos de esta. Este método puede utilizarse para comprender a la persona o para cuestionar, de una manera amable, la forma en la que se comporta en ese escenario.

- **Soliloquio:** En una situación de terapia de grupo, esta técnica se realizaría ante los demás miembros del grupo o ante un terapeuta. Sin embargo, puedes hacerlo solo y, si necesitas público, siempre puedes hacerlo con tu pareja, un familiar o un amigo íntimo, siempre que el tema del que hables no tenga un efecto directo en ellos. Incluso puedes utilizar una silla vacía ante la que puedas expresar tus sentimientos.

La puesta en común es la parte en la que la persona intenta comprender mejor lo que acaba de suceder y su porqué; además, busca cómo resolver sus problemas presentes y futuros de la misma manera.

Creo que el psicodrama es una de las terapias menos amigables, sobre todo si la persona ha pasado por situaciones traumáticas. Sin embargo, para aquellos a los que realmente les cuesta sacar sus emociones a la luz o para aquellos que, tal vez, necesiten refrenar sus emociones, puede ser una de las terapias más gratificantes.

Un estudio sobre la eficacia del psicodrama en chicas de secundaria que habían sufrido un trauma reveló que este redujo su ansiedad y su depresión, al tiempo que las chicas se volvieron menos retraídas (Carbonelli y Parteleno-Barehmi, 2016). Otro estudio indicó que el psicodrama puede ser eficaz en el tratamiento de adolescentes que han sufrido traumas (Mertz, 2013). Una investigación llevada a cabo en personas de un centro de adicciones que padecían TEPT descubrió que, tras someterse al psicodrama, se produjo una reducción del 25% en sus síntomas de TEPT (Giacomucci y Marquit, 2020).

Como hemos visto, el psicodrama es principalmente una terapia de grupo, pero es posible realizar ejercicios por cuenta propia. Todo lo que necesitas es una silla vacía; la silla representa a la otra persona con la que se relaciona este escenario. Mueve la silla adecuadamente; coloca tu silla cerca de esta si te sientes unido a la persona. Si te sientes alejado de ella, separa las sillas. A continuación, siéntate en la silla que te representa, imagina que la otra persona está sentada del otro lado y dile todo lo que sientas que tienes que decirle. Puede que quieras hacer preguntas y no solo expresar un sentimiento. Una vez hecho esto, levántate y ve a sentarte en la otra silla y haz el papel de la otra persona, quizás dando respuestas a las preguntas o respondiendo a lo que has dicho. Por último, vuelve a sentarte en tu silla, vuelve a ser tú y responde a lo que ha dicho la otra persona. A continuación, puedes seguir conversando hasta que llegues a la resolución que necesitas. Quizás quieras grabar la conversación, ya que, en ocasiones, tus palabras pueden resultar chocantes, ya sea como tú mismo o como la otra persona. Ten en cuenta que esta práctica debería durar unos minutos. Si hay sentimientos o situaciones que no se han resuelto, este tipo de ejercicio puede ser muy útil, principalmente si la persona hacia la que tienes esos sentimientos no resueltos ya no está con nosotros, ya que nunca tendrías la oportunidad en la vida real de tener esa conversación. Sea cual sea la situación, este ejercicio puede ser realmente útil para abordar esos asuntos y sentimientos no resueltos, ayudarte a sentirte mejor contigo mismo y con los demás y conseguir que te sientas con fuerzas para seguir adelante en tu vida.

## DESENSIBILIZACIÓN Y REPROCESAMIENTO POR MOVIMIENTOS OCULARES (EMDR)

La terapia EMDR se utiliza para curar a las personas traumatizadas. Esta terapia se basa en la teoría de que, al igual que el cuerpo intenta curar una herida, el cerebro también necesita curarse de un suceso traumático. Cuando este no consigue sanar y procesar adecuadamente, se producen los problemas de salud mental. Dicha terapia ayuda a reactivar ese proceso de curación.

Como su propio nombre indica, el tratamiento se basa en movimientos oculares. Una persona que se somete al EMDR pensará en ciertas cosas relacionadas con una experiencia mientras realiza movimientos específicos con los ojos, lo que ayuda a empezar a sanar y a procesar adecuadamente los recuerdos y sentimientos. En lugar de tener sensaciones negativas frente a esos recuerdos, la persona empieza a sentirse positiva por haber superado esas experiencias. El movimiento ocular funciona de forma similar al movimiento ocular rápido (REM) que se produce durante el sueño. Sí, de ahí viene el nombre del grupo de rock, por si aún no lo sabías.

La terapia EMDR se centra en el pasado, el presente y el futuro. La misma examina las experiencias traumáticas del pasado, los problemas del presente y las soluciones que pueden alcanzarse en el futuro.

Hay ocho fases que tienen lugar durante la terapia EMDR. Estas son:

- **1: Historial:** El individuo determinará qué experiencias pueden tratarse potencialmente con la terapia EMDR. También es posible que reflexione sobre qué habilidades o cambios de comportamiento necesitará en el futuro para abordar estas cuestiones.
- **2: Identificación de herramientas para afrontar el malestar emocional:** Es posible que la persona aprenda diferentes técnicas y estrategias para ayudar a reducir el estrés entre cada sesión de EMDR.
- **3, 4, 5 y 6: La terapia EMDR:** Se identifica una experiencia y la misma se somete a la terapia EMDR. Durante esta, la persona identificará una imagen para asociarla a la experiencia; además, identificará sentimientos negativos sobre sí misma y cualquier sensación asociada, tanto física como mentalmente. A continuación, la persona desarrollará sentimientos positivos sobre sí misma y comparará esos sentimientos positivos con los sentimientos negativos. Acto seguido, se concentrará en la imagen, en los sentimientos negativos y en las sensaciones corporales mientras se somete a la terapia. Esto puede incluir golpecitos y tonos. La persona notará cómo responde naturalmente a estos elementos.

Después de cada sección de movimientos, golpecitos o tonos, la persona intentará dejar la mente en blanco y tomar nota de lo primero que se le venga a la mente. El resultado determinará qué tipo de EMDR se empleará a continuación.

- **7: Cierre:** La persona lleva un registro a lo largo de la semana en el que detalla cualquier cosa relevante que ocurra. Esto se utiliza para corroborar las actividades que la persona realizó para afrontar los problemas de la segunda fase.

- **8: Informe de progreso:** La fase final consiste en informar sobre los progresos realizados.

Un estudio de 24 ensayos concluyó que la terapia EMDR tiene efectos positivos durante el tratamiento del trauma emocional. Siete de los diez estudios la consideraron más eficaz que la TCC (Shapiro, 2014). Tengo que añadir que el estudio fue realizado por Francine Shapiro, que concibió y desarrolló la terapia EMDR, por lo que es necesario tener esto en cuenta al considerar los resultados. Sin embargo, hay más estudios. Una revisión sistemática de bibliografía identificó que la terapia EMDR mejora los síntomas relacionados con el trauma (Valiente-Gómez et al., 2017). Otro análisis de todos los datos relativos a ensayos de EMDR concluyó que esta reduce significativamente los síntomas del TEPT (Chen et al., 2014).

Buscar un terapeuta con el que trabajar sería lo más aconsejable al realizar esta terapia, pero igualmente puedes ponerla en práctica por ti mismo en la comodidad de tu casa. Aquí hay un ejercicio para demostrarlo:

## EJERCICIO DE EMDR #1

Si te sientas cómodamente en algún sitio, cruza las manos sobre el pecho de modo que hagas la forma de una mariposa con los dedos apuntando hacia arriba. A continuación, junta los dos pulgares. Utiliza las manos para golpear alternadamente el lado izquierdo y derecho del pecho. De este modo, los dos lados del cerebro se conectan. Fíjate en lo que te rodea y en todo lo que ocurre. Todo esto debería ayudarte a calmarte y darte una sensación de paz. Además, debería ayudarte a afrontar y procesar cualquier problema que te esté causando estrés.

# 7

# EL TRAUMA CAUSADO POR LA VERGÜENZA: CÓMO SANAR A TU NIÑO INTERIOR Y CREAR LÍMITES

E l trauma causado por la vergüenza es algo que, por desgracia, ocurre con demasiada frecuencia y suele estar relacionado con experiencias vividas en la infancia. Puede ser difícil buscar ayuda y enfrentarse a las emociones y sentimientos que a menudo se manifiestan. No obstante, si lo haces, la terapia de curación somática puede ayudarte a aliviar parte del dolor.

## SANANDO A TU NIÑO INTERIOR MEDIANTE LA TERAPIA SOMÁTICA

La vergüenza, como cualquier trauma, se queda "atrapada" en el interior de la persona que la padece. Como resulta difícil superar ese momento y liberarse de la vergüenza, esta permanece en su interior, causando tensión de la misma manera que cualquier trauma. La vergüenza, sin embargo, no suele estar causada por un incidente concreto, como un accidente de coche o una guerra, sino que se produce lentamente, a lo largo del tiempo, incidente tras incidente, haciendo que la persona sienta que hay algo malo en ella y que no tiene valor. Así, la persona empieza a creer que todo lo que va mal en su vida es culpa suya. Todos sus problemas se deben únicamente a ella. A veces, por supuesto, una pequeña dosis de vergüenza puede ser algo bueno. Si hiciste algo vergonzoso estando borracho y al día siguiente te levantas avergonzado, llamas a las personas que afectaste y les pides disculpas. La vergüenza, en ese sentido, nos ayuda a reevaluar nuestro comportamiento y nuestras relaciones con la gente; no obstante, la vergüenza tóxica no es así. La misma tiene una escala mayor y es un incidente repetido que nos va desgastando hasta que nuestro cuerpo y nuestra mente ya no pueden soportarlo. Con frecuencia, da la sensación de que no existe ningún proceso para reevaluar o tomar medidas encaminadas a superar la vergüenza.

Para que una persona se enfrente a este tipo de trauma, necesita estar en un espacio cómodo y seguro. Esto es importante a la hora de abordar cualquier tipo de trauma, pero lo es todavía más en el caso de la vergüenza. A menudo, la persona tiene que enfrentarse a sus sentimientos más profundos y oscuros, y eso solo puede hacerse en un espacio seguro en el que se sienta lo suficientemente cómoda como para abrirse a esas cosas.

Hay varias razones por las que la terapia de curación somática, en particular, es eficaz para tratar la vergüenza. Una de ellas es que está muy arraigada en el trato con el presente, haciendo que la persona piense en el aquí y el ahora y sea consciente de su cuerpo. De esta forma, escucha al cuerpo y no solo a la mente. La vergüenza puede hacer que la persona se desconecte fácilmente de su cuerpo y deje de prestar atención a los detalles de lo que ocurre a su alrededor. La terapia somática es buena para romper ese hábito.

La pendulación, de la que ya hablamos en un capítulo anterior, también es útil. Esta consiste en hacer que una persona vaya y venga de un estado a otro y no se quede estancada en uno solo. Aquellos que lidian con la vergüenza están definitivamente atascados, y la pendulación puede ayudarles a salir de ese estado de forma lenta y segura.

Aunque el sentimiento de vergüenza está dentro de nosotros, no es posible sentirlo realmente a menos que alguien nos haya avergonzado. Si estás sufriendo este tipo de trauma, es importante que te des cuenta de que la vergüenza está siendo depositada en ti de forma externa. No es culpa tuya de ningún modo. Este sentimiento de vergüenza suele recaer sobre nosotros a través de personas con poder, ya sea la familia, los amigos, las relaciones o el trabajo, por nombrar algunos. Francamente, las personas con poder en nuestras vidas a menudo no se dan cuenta de lo que están haciendo, pero eso no quita que sean ellas quienes nos están avergonzando. Del mismo modo, un niño desatendido o rechazado puede crecer con sentimientos de vergüenza, los cuales pueden dispararse fácilmente más adelante en su vida.

Uno de los elementos extraños de la vergüenza es que, a menudo, cuando la gente la siente, intenta avergonzar a los demás. Es probable que queramos avergonzar a alguien que ha reavivado la vergüenza en nosotros. Sin embargo, la forma de superar ese sentimiento de vergüenza suele ser volver a la razón original que lo provocó. Desgraciadamente, esa vergüenza puede provenir de los tutores o cuidadores, pues no siempre piensan en las consecuencias que tendrá su comportamiento y en cuánto tiempo puede durar ese impacto.

Muchos creen que la mejor manera de liberarse finalmente de la vergüenza es devolviéndosela a quienes la causaron. Además, creen que esto debe hacerse a la fuerza, ya que, en la mayoría de los casos, la vergüenza fue provocada de manera contundente (Lyon, 2017). Esto no tiene por qué ser de golpe; puede ser tentativo al principio y aumentar hasta llegar a ser contundente, pero, por lo general, tiene que ser enérgico para tener el efecto deseado. Debo aclarar algo: No debes devolvérselo a la persona en la vida real (aunque eso puede ser una opción aparte de la terapia somática), sino hacerlo de forma imaginaria. Llevar a cabo esto puede ser difícil, pues muchas personas se muestran reacias a devolver la vergüenza y acaban, curiosamente, teniendo vergüenza de hacerlo, sobre todo si es a un familiar o a alguien cercano. Sin embargo, hay que dejar claro que existe una gran diferencia entre señalar las cosas cuando están mal y avergonzar a alguien. Es importante recordar que la persona a la que se le devuelve la vergüenza, con toda sinceridad, probablemente no quiso decir lo que dijo o no entendió realmente lo que estaba haciendo y cuál sería su efecto. Tal vez sintió vergüenza y trató de transmitirla. La vergüenza también puede pasarse de generación en generación; tal vez el cuidador que te avergonzó haya sido avergonzado por su cuidador. Al devolverle la vergüenza a quien la provocó, el receptor de la misma se siente liberado y en paz consigo mismo.

Tanto la familia como la sociedad en la que crecemos moldean nuestras primeras impresiones y creencias. Si las experiencias no son siempre positivas, las mismas pueden convertirse en creencias limitantes, como: "No soy lo suficientemente bueno para esto" o "No merezco esto". Si alguien te dice a menudo: "Nunca llegarás a nada", seguro que empiezas a limitar tu propia confianza en ti mismo. Si todo el mundo te dice: "Tu hermano es mucho mejor que tú", puedes acabar creyéndolo. Lo mismo puede decirse de la sociedad. Si ciertos grupos de personas no reciben mensajes positivos, no es de extrañar que empiecen a cuestionarse a sí mismos y a preguntarse si tienen algo que ofrecer al mundo. Una vez que te das cuenta de estas cosas, puedes llegar a sentir un gran alivio al comprobar que la vergüenza y la culpa que sentiste nunca fueron tuyas, sino que fueron impuestas por los que te rodean y la propia sociedad. Darse cuenta de esto puede ser realmente liberador.

Esto puede extenderse incluso a la cultura en la que te has criado. Digamos que has crecido en una cultura en la que todo el mundo debe ser muy machista y escuchas cosas como: "Sé hombre" o "Los chicos no lloran". Supongamos que creces en una cultura machista como esa. En ese caso, no es de extrañar que probablemente te cueste mostrarle algún tipo de emoción o sentimiento a otra persona y que seas algo agresivo en la mayoría de las situaciones en las que te encuentres. Todo este tipo de cosas pueden influir en nuestro niño interior y complicarnos la vida de mayores. Teniendo en cuenta que los talibanes acaban de retomar Afganistán, quizás vivas en una cultura y una sociedad donde no se valore la educación de las mujeres. Tal vez, con el tiempo, algunos individuos hayan sufrido un lavado de cerebro para acabar creyendo esta doctrina absurda. Imagina que alguien te pregunta: "¿Por qué no haces lo que realmente quieres hacer con tu vida?" Tú respondes: "No, eso no es lo que estoy destinado a hacer. No soy capaz de hacerlo". Y resulta que sí lo eres. La sociedad te ha impuesto una creencia limitante y tú empiezas a creértela. Así, acabas haciendo cosas que en realidad nunca quisiste hacer porque crees que eso es lo correcto para ti y, si sigues un camino diferente, sentirás vergüenza.

Aunque rechacemos conscientemente aquellos valores y creencias que antes creíamos verdaderos y ahora nos demos cuenta de que son falsos, no debemos olvidar la mente subconsciente. Se calcula que la mente subconsciente es responsable del 90% de nuestros sentimientos y comportamientos y que una decisión o acción consciente suele ir precedida de otra subconsciente (Meyer, 2020).

La mente subconsciente es realmente extraordinaria. De hecho, su contraparte, la mente consciente, no se desarrolla hasta los cinco o seis años, por lo que los bebés se mueven en el mundo de forma subconsciente, siendo esta la mente que controla todo lo que hacen. La misma es como una esponja que absorbe todo lo que sucede a su alrededor y lo procesa, por lo que es inevitable que ejerza una gran influencia sobre la mente consciente.

Cuando somos muy jóvenes, nuestras mentes normalmente asimilan cualquier información nueva y la toman al pie de la letra porque no tenemos un conjunto de valores y creencias y experiencias vividas con las que juzgarla. Por eso esos primeros años son tan importantes y pueden tener un impacto duradero en nosotros para el resto de nuestras vidas. Cuando llegamos a los cinco o seis años, ya tenemos un sistema de valores y creencias con el que juzgar cualquier información nueva, y esa es la función del subconsciente. De ahí que, a menudo, la forma en la que veamos el mundo en esta etapa de la vida influya en cómo lo veamos más adelante.

El niño interior puede considerarse parte de nuestro

subconsciente. Las experiencias y los traumas por los que pasamos durante esos primeros años no se olvidan. Todo ello se concentra en una pequeña parte de lo que somos e influye en nuestra salud y felicidad a lo largo de la vida.

Sin embargo, si ese niño interior está dolido o enfadado, y eso está teniendo un impacto negativo en nuestras vidas, no significa que no podamos hacer nada para sanarlo. Aquí es donde entra en juego la experiencia somática. Antes, todo esto pasaba y ni siquiera éramos conscientes de ello. Sin embargo, a través de las experiencias somáticas, adquirimos conciencia de nosotros mismos y de nuestro cuerpo y escuchamos a nuestro interior. Por lo tanto, podemos hacer un esfuerzo intencionado para reprogramar el subconsciente con pensamientos positivos y llenos de amor. Esto puede llevarse a cabo a través de la forma en la que nos hablamos a nosotros mismos, las personas de las que nos rodeamos e incluso cosas como las redes sociales. Necesitas encontrar algo positivo frente a todos esos pensamientos y sentimientos negativos que tienes sobre ti mismo o que escuchas de otras personas. Si te llamas a ti mismo estúpido, intenta pensar en algo más positivo. El consciente puede anular al subconsciente si somos lo suficientemente insistentes; con el tiempo, nuestro subconsciente empezará a alinearse con nuestro consciente. Combinado con todas las técnicas somáticas que existen, el niño interior empezará a sentir el amor, la atención y el consuelo que necesita, y el proceso de curación podrá comenzar.

Todas las experiencias por las que pasamos nos cargan de equipaje emocional. No es nuestra intención, pero es nuestra forma de decir: "Mira lo que me ha pasado: ¡tantas cosas!" Solo una vez que nos desprendemos de nuestro equipaje emocional nos damos cuenta de lo mucho que nos pesaba. También tenemos que desprendernos de eso. La vida es demasiado corta como para cargar con ese equipaje y llevarlo a cada nueva situación, experiencia y relación. Es agotador. Tenemos que ser más ligeros de pies y más libres en nuestra forma de pensar y sentir si queremos llegar a vivir la vida que deseamos.

No solo tenemos que deshacernos de nuestro equipaje emocional, sino también de esas creencias limitantes. Mientras sigan ahí, no tendremos ninguna posibilidad de sanarnos porque nuestra mente siempre nos dará razones para no accionar. "No soy lo suficientemente bueno para esto, así que ¿para qué intentarlo?", "No soy lo suficientemente bueno para mi pareja, así que mejor terminar ahora antes de que se dé cuenta" o "Simplemente no soy una persona muy sociable, así que no necesito amigos". Todo este tipo de pensamientos y muchos más nos impiden alcanzar nuestro potencial, ya que nuestras creencias limitantes intentan sabotear cualquier oportunidad que se nos presente. Estos pensamientos no representan la verdad. Para ser realmente consciente de uno mismo, hay que tomar estas creencias por lo que son. Sin embargo, la ayuda está al alcance de la mano. La mente subconsciente que produce todos estos pensamientos de inadecuación puede reprogramarse utilizando la técnica de liberación emocional (EFT). Esta consiste en hacer golpecitos en varios puntos del cuerpo donde se cree que residen los campos de energía, combinados con palabras o frases específicas para dar un nuevo mensaje a tu subconsciente y reprogramarlo.

El condicionamiento y la programación de la infancia pueden volver a perseguirte durante la adolescencia y la edad adulta. Si tus modelos de conducta te dicen que no eres lo bastante bueno, no sería de extrañar que en tu vida adulta empezaran a manifestarse sentimientos de inadecuación e inutilidad. Del mismo modo, si todas las personas que te rodean se preocupan por el dinero, es probable que en tu vida adulta tú también pases el tiempo preocupándote por el dinero y persiguiéndolo. Lo que vivimos durante la infancia puede definirnos para el resto de nuestra vida.

Sin embargo, hay un montón de prácticas somáticas que pueden ayudarte a reprogramar tu subconsciente, sanar a tu niño interior y empezar lentamente a desanudar todo el mal que empezó cuando eras un niño muy pequeño. El trabajo de respiración del que se ha hablado en este libro puede ayudarte a empezar a entrar en contacto con tu niño interior y a sentir el momento presente. Cosas como llevar un diario o escribirle una carta a tu niño interior pueden ser útiles. La práctica de la EFT y otros ejercicios de este estilo pueden ayudar a reprogramar ese subconsciente y hacer que digas cosas positivas sobre ti mismo y eliminar poco a poco todos esos pensamientos negativos y creencias limitantes.

Un aspecto de la terapia somática que ha surgido al observar al niño interior es la teoría de la "reeducación". Ahora tienes la oportunidad de darte a ti mismo cosas que no recibiste cuando eras niño y que necesitabas, como confianza en ti mismo, compasión o cualquier otra cosa. Por cierto, esto no significa que tus padres o cuidadores fueran malos; más bien, significa que actuaron de acuerdo con sus propias creencias y su sistema de valores, por lo que quizás no te hayan dado todo lo que necesitabas por causas ajenas a su voluntad.

Hay formas de psicoterapia de reeducación que requieren un terapeuta que asuma el papel de padre, pero igualmente puedes poner en práctica la esencia de la reeducación tú mismo ¿Cómo? Quiérete incondicionalmente. Debes ser compasivo contigo mismo y no juzgar ni criticar tus pensamientos y sentimientos, sino legitimarlos y apreciar que forman parte de lo que eres. Dale a tu niño interior un montón de afirmaciones positivas para recordarte que eres querido, que vales la pena y que lo que piensas y sientes es válido. Si volver a tu niño interior y pensar en esas cosas te resulta demasiado abrumador, acude a un terapeuta para poder realizar los ejercicios con seguridad. No obstante, los principios generales de la reeducación, es decir, entrar en contacto con el niño interior, abordar las necesidades y satisfacerlas, se pueden llevar a cabo por cuenta propia.

Aprender a curar a tu niño interior puede suponer una gran diferencia para ti. Tener esa autocompasión y el conocimiento de cómo cuidar de ti mismo puede llevarte a mejorar muchas relaciones, ya sean personales, familiares, de amistad o laborales. Realmente te gustarás a ti mismo, disfrutarás de tu propia compañía y de la de los demás y descubrirás que disfrutas de la vida y deseas vivirla al máximo. Además, tendrás confianza en ti mismo y en tus capacidades, pues habrás liberado todo ese dolor y tensión que te frenaron durante tantos años. En algunos casos, puede que te hayas desvinculado por completo de los sentimientos y las emociones, por lo que sanar a tu niño interior te pondrá de nuevo en contacto contigo mismo y volverás a sentir emociones como la alegría y el amor.

Si la curación de tu niño interior es algo que crees que necesitas y te interesa, aquí tienes un sencillo ejercicio de EFT para ponerte en marcha:

- **1:** En primer lugar, da golpecitos en un lado de la mano (preferentemente del lado del meñique) a un ritmo bastante regular. Mientras haces esto, dite a ti mismo: *"Amo a mi niño interior. Acepto a mi niño interior. Me amo incondicionalmente y sin excepción"*.

- **2:** Ahora, date golpecitos en la parte superior de la cabeza, golpecitos en la frente por encima de la parte interior de la ceja derecha y golpecitos en la sien derecha, repitiendo la siguiente frase (o una frase que hayas inventado y que se adapte mejor a ti) en cada zona: *"Amo al niño interior que no obtuvo todo lo que necesitaba. Ese niño fue y es increíble"*.

- **3:** Date un golpecito en el pómulo, justo debajo del ojo y a un lado de la nariz, diciendo: *"Mi niño interior es capaz de todo y tiene el potencial de conseguir cualquier cosa"*.

- **4:** Da unos golpecitos en el labio superior, es decir, la parte entre la nariz y la boca, y di: *"Mi niño interior no conoce ninguna limitación"*. Tócate la barbilla y procede: *"Y quiero a mi niño interior pase lo que pase"*.

- **5:** Da unos golpecitos debajo de la axila, en el lado de las costillas; luego, en la parte superior de la cabeza, la frente, por encima de la parte interior de la ceja derecha y la sien derecha, repitiendo la siguiente frase en cada zona: *"Si mi niño interior comete errores o equivocaciones, realmente no importa. Amo a mi niño interior a pesar de todo"*.

- **6:** Date un golpecito en el pómulo y luego en el labio superior, diciendo: *"Acepto plenamente a mi niño interior de una forma que no fue posible en su momento"*.

- **7:** Date un golpecito en la barbilla con esta frase: *"Me imagino abrazando a mi niño interior y diciéndole lo increíble que es y que todo va a salir bien"*.

- **8:** Ahora da unos golpecitos en la zona del corazón, a la izquierda del pecho: *"Siempre protegeré a mi niño interior"*.

- **9:** Haz un golpecito debajo de la axila, en el lado de las costillas: *"Mi niño interior tiene todo mi apoyo y aceptación"*.

- **10:** Golpea suavemente la parte superior de la cabeza y la frente por encima de la ceja derecha interior: *"Amo a mi niño interior exactamente como es"*.

- **11:** Date un golpecito en la sien derecha: *"Si alguien dice algo malo contra mi niño interior, le plantaré cara"*.

- **12:** Ahora ve al pómulo y justo encima del labio superior: *"Le mostraré a mi niño interior que es valioso, que es digno y que siempre será querido y amado"*.

- **13:** Date unos golpecitos en la barbilla y en la zona del corazón: *"Realmente quiero animar a mi niño interior para que demuestre lo increíble y deslumbrante que es"*.

- **14:** Da unos golpecitos debajo de la axila, en el lado de las costillas y luego pasa a la parte superior de la cabeza, diciendo: *"Al curar a mi niño interior, también me estoy curando a mí mismo"*.

- **15:** Golpea tu frente por encima de tu ceja derecha interior: *"Ya no necesito la programación y el condicionamiento de los que me criaron. Mi verdad es esta"*.

- **16:** Golpea tu sien derecha, tu pómulo y tu labio superior: *"Mi niño interior es y siempre será una parte de* *mí, y cuando cuido bien de mí mismo, estoy cuidando bien de mi niño interior".*

- **17:** Date un golpecito en la barbilla: *"Cuando me demuestro amor a mí mismo, también lo hago con mi niño interior".*

- **18:** Da unos golpecitos en la zona del corazón y debajo de la axila, en el lado de las costillas: *"Cuando me demuestro compasión a mí mismo, también lo hago con mi niño interior".*

- **19:** Da golpecitos en la parte superior de la cabeza: *"Estoy liberando el trauma y la tensión de mi cuerpo y mi mente".*

- **20:** Date un golpecito en la frente por encima de la ceja derecha interior: *"Libero de cada hueso y músculo de mi cuerpo".*

- **21:** Ahora ve a la sien derecha: *"Ya no tendré que cargar más con este equipaje emocional. Se ha ido para siempre".*

- **22:** Golpea tu pómulo y luego tu labio superior: *"Liberar todo el dolor y la tensión me hace sentir libre".*

- **23:** Date un golpecito en la barbilla: *"Estoy impaciente por ver lo que me depara el futuro. Estoy entusiasmado con los días que tengo por delante ahora que me comprendo mejor y estoy en contacto conmigo mismo y con mi niño interior".*

- **24:** Golpea la zona del corazón y golpea la axila: *"Ya no tengo miedo, ya no dudo de mí mismo y estoy deseando ver cómo mi nuevo yo se enfrentará al mundo".*

- **25:** A continuación, detente y tómate un momento para relajarte. Inspira profundamente y luego suelta el aire.

Espero que este ejercicio te haya sido útil. Si el mismo te resulta demasiado abrumador, acude a un terapeuta profesional para que te ayude de forma segura durante el proceso. Visualizar al niño que llevas dentro suele ser de gran ayuda. Si tienes una foto tuya de cuando eras niño, la visualización puede serte más fácil. Así, puedes imaginarte amando a ese niño y queriendo protegerlo. La próxima vez que tengas ganas de ser duro contigo mismo, de juzgarte en exceso o de ser hipercrítico, mira la foto y la inocencia del niño. Esos sentimientos de querer amarle y protegerle, guiarle, apoyarle y animarle deberían volver. Es aconsejable repetir el ejercicio tantas veces como sea posible. Hacerlo una sola vez probablemente no tendrá el extraordinario efecto acumulativo que tendrá la práctica diaria. Busca un lugar cómodo y tranquilo durante unos minutos al día y realiza este ejercicio. Entusiásmate con los poderosos resultados positivos que la terapia EFT puede proporcionarte. Recuerda que puedes adaptar las frases a tu situación particular.

## VERGÜENZA

Es terriblemente fácil sentirse avergonzado. La misma puede hacer que sientas que no perteneces al grupo de personas con las que te relacionas. Sientes que nadie te entiende o podría llegar a entenderte. La vergüenza también puede surgir de situaciones mucho más graves, como el maltrato o el abandono, en las que la víctima acaba sintiéndose avergonzada (cuando la vergüenza debería recaer sobre el agresor) por lo que le ha ocurrido y por haber dejado que ocurriera. Aunque, siendo realistas, la víctima no podría haber hecho nada para evitarlo. Las personas condenadas al ostracismo en la escuela o que sufren acoso suelen desarrollar sentimientos de vergüenza. Para superarla, hay que reconocer las necesidades subyacentes a la misma.

Además, la vergüenza no aparece por sí sola. Esta se desarrolla a través de las interconexiones con los demás y el entorno en el que vivimos. Darnos cuenta de esto significa darnos cuenta de que no estamos solos en el mundo. Todos nos encontramos inmersos en un viaje, descubriendo lo que significa ser humano. Ninguno de nosotros comprende realmente este concepto ni lo domina a la perfección. Detenernos a valorar este simple hecho es importante.

La vergüenza suele aparecer cuando nuestras expectativas de alegría y felicidad no coinciden. Por ejemplo, un niño hace o crea algo para sus padres y ellos no muestran ningún interés, o, de forma similar, uno cuenta un chiste ante un grupo de amigos y nadie se ríe (no es de extrañar que los cómicos sean conocidos por sus problemas de salud mental). La vergüenza puede aflorar en forma de rubor y timidez y puede incluir humillación y bochorno. De ahí que cosas como el acoso y el menosprecio puedan provocar vergüenza. Como ya se ha dicho, esta emoción puede ser el resultado de algo terrible, como el abuso o el abandono, pero también puede deberse a la acumulación de episodios más pequeños (pero no por ello menos importantes).

Esto no quiere decir que no debamos avergonzarnos nunca. La vergüenza tiene un propósito. Sin ella, puede que nunca nos demos cuenta de que hemos hecho algo mal y no seríamos capaces de desenvolvernos en la sociedad. No obstante, cuando la vergüenza se convierte en trauma, no sirve al objetivo de su existencia. Si este tipo de trauma no se trata y acaba infectando a la persona, puede desembocar, entre otras cosas, en adicción y depresión. Las personas que sienten una vergüenza tan extrema suelen tener problemas con las relaciones, ya que siempre esperan ser rechazadas, por lo que primero intentan por todos los medios sacar a la otra persona de su vida. Además, estas personas suelen sentirse muy enfadadas. Por lo tanto, si alguien intenta mantener una relación de cualquier tipo con una víctima de la vergüenza cuya primera respuesta es enfadarse mucho (o incluso llegar a la violencia) es de esperar que no tenga un final feliz. Por otro lado, la vergüenza puede provocar sentimientos de inseguridad e inadecuación, lo que puede llevar a autolesiones y pensamientos suicidas. Puede que alguien constantemente criticado acabe intentando ser el perfeccionista que nunca puede alcanzar la perfección que persigue o puede que acabe mostrando síntomas de trastorno obsesivo-compulsivo (TOC). La vergüenza no solo causa problemas mentales, sino también físicos. Una persona con mucha vergüenza puede tener una mala postura, mirar siempre hacia abajo sin ver a nadie a los ojos, sufrir cosas como cansancio u opresión en el pecho, sentir ganas de vomitar o tener problemas digestivos o estomacales.

Aquí es donde entra en juego la terapia somática, la cual puede ayudar tanto con los síntomas mentales como físicos de la vergüenza. Al tomar conciencia de lo que te dice tu cuerpo, es probable que te des cuenta de que la tensión corporal está relacionada con la vergüenza que sientes en tu vida cotidiana. A medida que piensas en los episodios de tu vida que pueden haber contribuido a esta vergüenza y los afrontas, los liberas y los sueltas, estos episodios se convierten en señales de fortaleza y dejan de ser un motivo de debilidad y miedo.

La vergüenza casi siempre está relacionada con lo que

ocurrió en tu infancia. Esas inseguridades, dudas, miedos y baja autoestima que sientes ahora tienen probablemente sus raíces en aquella época. Si te regañaban constantemente por el más mínimo descuido, no es de extrañar que crezcas pensando que todo lo que haces está mal o que hay algo malo en ti. Si te acosan, puedes desarrollar sentimientos del tipo: "¿Por qué yo? Debe de haber algo malo en mí". Obviamente, las experiencias verdaderamente traumáticas, como el abuso y el abandono, pueden hacer aflorar estos sentimientos de una forma mucho más extrema.

Si sabemos que nuestros sentimientos de vergüenza están profundamente arraigados en nuestra infancia, entonces sabemos que curar a nuestro niño interior puede, a su vez, curar nuestra vergüenza. La TCC es una de las mejores herramientas para conseguirlo, ya que nos enseña a controlar y cambiar nuestros pensamientos y patrones de conducta. Así, en lugar de pensar en insultos hacia nosotros mismos, podemos aprender a tener pensamientos positivos y reafirmar la realidad de que somos seres valiosos y capaces de lograr cosas buenas.

La exposición prolongada (EP) puede ser una buena forma de terapia para abordar esta cuestión. Con esta terapia, la persona va poco a poco prestando atención a cosas que la estimulan y hacen que se enfrente al problema. Tal vez empieces con una foto tuya de cuando fuiste niño, para luego pasar a hablar de la vergüenza que sufriste en esa época. A continuación, te imaginas en algún lugar que te recuerde esa vergüenza. Así, poco a poco, irás eliminando el poder que la vergüenza tiene sobre ti.

El entrenamiento en inoculación del estrés también puede ser una buena terapia. Más que el estrés en sí, esta terapia utiliza el mismo entrenamiento para contener y controlar tu vergüenza. La misma puede incluir técnicas de respiración y relajación muscular, juegos de rol y la toma de nota de pensamientos negativos y su modificación. También existe el entrenamiento de la mente compasiva (EMC), que puede ayudar a una persona que habla negativamente de sí misma a cambiar su comportamiento y ser compasiva y amable consigo misma y con su niño interior.

El EMDR es otro buen método. Pensar en tu vergüenza y en todo el daño que ha sufrido tu niño interior mientras te sometes a las acciones de movimiento ocular puede ayudarte a aliviar tu vergüenza y a empezar a curar al niño que llevas dentro.

No obstante, una de las técnicas más poderosas para curar a tu niño interior y por ende la vergüenza es la EFT. Esta técnica es una de las mejores porque no requiere que revivas una y otra vez los recuerdos de cuando te sentiste avergonzado. Simplemente necesitas recordarlos lo suficiente como para liberarlos. La EFT es, en su esencia, un proceso de curación y no una máquina de recuerdos. La combinación de las afirmaciones positivas con los golpecitos en los puntos energéticos de tu cuerpo puede ser excepcionalmente poderosa y proporcionar una verdadera sensación de alivio y liberación de tu vergüenza, consiguiendo que comprendas que tu niño interior necesita amor. Como este es parte de ti, eres tú quien mejor puede proporcionarle ese amor y apoyo.

Aquí hay un ejercicio específico de EFT para ayudarte a aprender a sanar no solo tu vergüenza sino también a tu niño interior. No hace falta que repitas las afirmaciones si estas no guardan relación contigo. Todos pasamos por experiencias diferentes, así que, si las afirmaciones no son adecuadas para ti, simplemente sustitúyelas por lo que creas que es más apropiado para la experiencia por la que pasaste y la vergüenza que sientes.

- **1**: Empieza dándote golpecitos en el costado de la mano y diciendo: *"Puede que no haya recibido el amor y la confianza que necesitaba de niño, pero sigo queriéndome y aceptándome. Aunque sienta que no soy digno y me insulte y dude de mí mismo, sigo queriéndome y aceptándome de todo corazón"*.

- **2**: Date golpecitos en la parte superior de la cabeza, en la frente por encima de la ceja interior derecha, en el lateral de la sien, en el pómulo, en el labio superior debajo de la nariz, en la barbilla, en la zona del corazón y debajo de la axila al lado de las costillas. Haz este ciclo unas ocho veces mientras dices lo siguiente:

Puede que no me sintiera apoyado durante mi infancia. Quizás haya sentido que no hubo alguien a mi lado todo el tiempo. Es posible que no creyera que alguien me protegería y, como resultado, sufrí terribles consecuencias. Siempre pensé que había algo malo en mí o que todo lo que hacía estaba mal. Siempre sentí que me merecía las cosas malas que me pasaban. En aquel entonces, no conocía nada mejor.

Digo cosas negativas de mí mismo. A veces, me avergüenzo tanto de mí mismo que me detesto. A veces, me veo en el espejo y realmente no me gusta lo que veo. Cuando pienso en mi vida, siento que no he conseguido nada y que todo lo que he hecho no sirve para nada. Me impongo expectativas y objetivos poco realistas. Siento que no le veo sentido a nada. Todas estas son cosas que he incorporado a mi ser desde que era pequeño. Aunque esto es lo que aprendí de niño, ahora he aprendido que mi creencia de que no valgo la pena es totalmente falsa. No obstante, como de niño no era consciente de ello, me lo creí durante muchos años; esa mentira sigue influyendo en mi vida hoy en día. Cuando estos pensamientos entran en mi cabeza, me siento muy decaído e infeliz. Debo tener la fuerza y el valor para cambiar esos pensamientos. Ahora que soy adulto, sé que estos pensamientos no son reales. Ahora mi mente puede darse cuenta de ello, y los golpecitos que estoy aplicando se lo dirán a mi corazón y al resto de mi cuerpo. Sé que todos estos pensamientos que tuve sobre mí fueron erróneos y falsos; ellos me hicieron sentir que había algo malo en mí y que nadie podría amarme. Nunca podría ser lo suficientemente bueno para otra persona. Qué gran mentira. Ya no tengo que cargar con el equipaje emocional que me dejaron mis cuidadores. La vergüenza que me transmitieron ya no existe. Aquí se acaba. Que se queden ellos

con la vergüenza. Yo no la necesito. Es
aceptable que no sea perfecto en todos los
sentidos y que tenga defectos. Eso es ser
humano. Me quiero y me acepto, con
defectos y todo. La vergüenza que antes
sentía ya no se apodera de mí. Al soltar la
vergüenza, me siento libre y aliviado.
Espero con ilusión la nueva relación que
tengo conmigo mismo.

- **3:** Inspira profundamente, espira y relájate.

## ESTABLECIENDO LÍMITES SALUDABLES CON HABILIDADES SOMÁTICAS

Establecer límites, es decir, crear mecanismos que te separen de otras personas, puede ser esencial para ayudarte a sanar y recuperarte de un trauma. Los límites te ayudan a definirte: dónde empiezas y dónde terminas. Sin embargo, estos deben ser flexibles. Si te sientes seguro, es más probable que amplíes esos límites, y si no te sientes seguro, los restringirás y los retraerás. Ya ves lo importante que es esto. Si tus límites son demasiado libres, acabas entregándote a los demás, lo que puede llevarte a perderte a ti mismo fácilmente. Por el contrario, si tus límites son demasiado restringidos, puedes aislarte del resto del mundo y sentirte solo.

Como la mayoría de las cosas, los límites los aprendimos a partir de la manera en la que nuestros cuidadores nos respondían de pequeños. Estos deberían de haberse ocupado de nosotros cuando lo necesitábamos y dejarnos en paz cuando buscábamos espacio. Pese a eso, el hecho de que los cuidadores no se ocupen del niño en este sentido no siempre es un problema, pues puede ayudar al niño a reforzar su determinación y su capacidad para afrontar la situación. Sin embargo, hay tres áreas principales en las que, si los cuidadores se exceden, pueden surgir problemas:

- **1: Invasión:** Aquí es donde el cuidador, en lugar de dejar que un niño tenga su tiempo "a solas", hará lo contrario. Aunque esto puede ocurrir porque el niño necesita consuelo y no por motivos malintencionados, igualmente puede provocar que el pequeño crezca e instale límites muy cerrados, se retraiga y, por lo tanto, se aísle potencialmente.

- **2: Abandono:** Este es el polo opuesto a la invasión. Los cuidadores no responden a las necesidades o deseos de compromiso del niño. En la edad adulta, esto puede dar lugar a límites demasiado libres. Así, la persona acabará intentando complacer a todo el mundo o haciendo cosas para llamar la atención, lo que puede hacer que se pierda a sí misma.

- **3: Invasión y abandono a la vez:** En este caso, el cuidador alterna de forma incoherente entre los dos. Esto puede causar problemas, ya que, en ocasiones, la persona acaba intentando agradar demasiado a los demás y, en otras, acaba alejando a todo el mundo. Ya es bastante difícil mantener cualquier tipo de relación con una persona que constantemente hace una de estas cosas, por lo que hacer ambas cosas al azar puede convertirse en un

quebradero de cabeza tanto para el que lo hace
como para los que le rodean.

No me gusta etiquetar a la gente. Siempre he pensado que probablemente haya algo de verdad en la teoría de las etiquetas de Becker, pero, para que quede claro, voy a referirme a las personas "tóxicas", aunque estoy seguro de que en el fondo son buenas personas y simplemente no les han marcado sus propios límites. Todos conocemos a personas así: Aquellos que tienen pensamientos y sentimientos negativos son quienes parecen encontrar siempre la forma de deprimirnos o decepcionarnos. Establecer límites supone no tener a esas personas en tu vida si no las quieres. Si has establecido límites sanos, estas personas no deberían estar cerca de ti. Del mismo modo, el establecimiento de límites puede evitar los conflictos y las situaciones incómodas en las que te puedas encontrar. Si esos límites existen, tanto tú como los demás sabrán a qué atenerse, y los conflictos no serán algo cotidiano.

Tener habilidades somáticas puede ser extraordinariamente útil para establecer y mantener límites. Para empezar, comenzarás a desarrollar tu conciencia corporal. Empezarás a descubrir esa "sensación percibida". Eso te ayudará enormemente a saber si las cosas te parecen adecuadas o no y si necesitas reforzar tus límites. También tendrás conciencia de tus propios procesos mentales. Mientras que antes quizás hubieras hecho o dicho automáticamente algo que hubiera permitido que alguien se aprovechara de ti o que te hiciera retirarte cuando lo único que estabas a punto de recibir era ayuda, ahora serás consciente de lo que haces y de cómo te comportas. Esto puede evitar que cometas esos mismos errores cuando se trata de tus límites.

Una de las habilidades más importantes para establecer tus límites es aprender a decir "no", y no solo a medias, sino de forma que la otra persona sepa que no vas a cambiar de opinión. No digas "sí" automáticamente. Piensa bien tu respuesta y no olvides escuchar también tus "sensaciones". Puedes empezar con cosas pequeñas, como decir "no" a salir el viernes por la noche porque estás agotado y necesitas pasar la noche en casa. O decir "no" a prestar dinero a una persona que nunca te lo devuelve. Además, eso no es un préstamo, solo le estás regalando dinero. La próxima vez, no lo hagas. Está claro que la gente se decepciona cuando dices que no, es inevitable, pero eso no significa que tengas que ceder. Decepcionarás a la gente, pero eso hará que te respeten más, por lo que la próxima vez que digas "sí", sabrán que lo dices en serio y dejarán de pedirte cosas innecesariamente en el futuro.

Esto nos lleva a lo que sí debes decir que "sí", y concretamente nos referimos a tu compromiso de curarte y cuidarte. Si antepones tus necesidades, te respetas y te quieres, decir "no" a los demás será más fácil. Di "no" a los demás y "sí" a ti mismo.

Aquí tienes un ejercicio para establecer tus límites que te ayudará a decir "sí" y "no" y a asegurarte de que tu cuerpo diga lo mismo.

## EJERCICIO DE LÍMITES #1

Primero, observa qué le ocurre a tu cuerpo cuando dices "sí" en voz alta. Repítelo varias veces y observa lo que notas. Ahora, prueba a decir "sí" con tu cuerpo. ¿Qué cambia? Quizás sea tu respiración o tu postura. ¿Te mueves con libertad? ¿Te sientes tenso? Piensa y anota las situaciones en las que te gustaría poder decir "sí". Por ejemplo, ¿quieres hacer un ejercicio para poner límites? "¡Sí!"

A continuación, haz lo mismo pero para decir "no". Observa cómo responde tu cuerpo cuando dices "no" en voz alta varias veces. Después, prueba a decir "no" solo con tu cuerpo y observa qué cambios se producen en él. Piensa en las situaciones en las que te gustaría poder decir "no". Por ejemplo: "¿Vas a salir otra vez esta noche?"

Toma una de las situaciones en las que dijiste que te gustaría decir "sí", adopta la postura corporal de decir "sí" y anota lo que ocurre cuando imaginas ese escenario. A continuación, haz lo mismo con una situación a la que quieras decir "no".

Al final, deberías poder asegurarte de que tu cuerpo y tu voz digan lo mismo y tener muy claro lo que estás comunicando.

# 8

# ANSIEDAD, AMOR PROPIO, AUTOCOMPASIÓN Y DEPRESIÓN SEVERA

L a terapia somática puede tratar y resolver todo lo que se menciona en este título. Si tienes ansiedad, la terapia somática puede ayudarte. Si tienes depresión, la terapia somática puede acabar con ella. Si necesitas desesperadamente aprender a mostrarte amor y compasión, la terapia somática puede mostrarte cómo y ayudarte a conseguirlo. ¿Quieres ser capaz de perdonarte por hacer cosas que percibes como equivocadas? La terapia somática puede ayudarte a liberar la negatividad de tu alma. La terapia somática es como encontrar una fuente de agua en medio del desierto. Tienes sed de curarte, y esta va a saciar esa sed por ti.

Sin embargo, es difícil seguir adelante si no te das un respiro. Tienes que ser capaz de perdonarte. Nadie es perfecto, y eso te incluye a ti. Has cometido errores en la vida, pero eso nos pasa a todos. Eso es parte integral de la experiencia humana. Si no encuentras espacio en tu corazón para perdonarte a ti mismo, nunca superarás el primer obstáculo. Siempre sentirás resentimiento. Siempre serás propenso a la ira y a arremeter contra tus seres más queridos. Nunca lograrás lo que quieres en la vida ni alcanzarás tu máximo potencial. Necesitas limpiar tu corazón y perdonarte a ti mismo; entonces, podrás empezar a ver todas las oportunidades emocionantes que la vida tiene para ti.

También tienes que practicar el desapego de los resultados. Una vez que lo hagas, podrás limpiar tu corazón, perdonarte a ti mismo y tener la oportunidad de alcanzar tu máximo potencial. Lo mejor de todo es que podrás disfrutar de la vida en lugar de preocuparte por ella todo el tiempo. Cuando practiqué el desapego, descubrí la cantidad de estrés y problemas de los que me estaba liberando. Date cuenta de que no puedes controlar a los demás. La gente te decepcionará y hará cosas con las que no estés de acuerdo. Así es la vida. No puedes arreglar a esas personas. Al único que puedes "arreglar" es a ti mismo. Sin embargo, no necesitas arreglo, pues no hay nada malo en ti; lo que necesitas es curarte. Las únicas acciones que puedes controlar son las tuyas propias.

Encuentra tu propia versión de la felicidad. No hagas caso a los demás cuando te digan si debes ser feliz o no, ni cuando intenten definir tus logros o la falta de ellos. Tú decides cómo es la verdadera felicidad, nadie más. Sin embargo, también tienes que desprenderte de la idea de que todo tiene que salir de una determinada manera, porque no es así. Fíjate cuántas veces planeas un acontecimiento solo para que algo completamente fuera de tu control lo cambie. La pandemia es un buen ejemplo de ello. Todos nuestros planes se fueron a pique por culpa de algo que escapaba a nuestro control. Hay que aceptarlo: Las cosas no tienen por qué ser de una determinada manera o de la manera perfecta. Una vez que puedas aceptarlo, te sentirás realmente libre para disfrutar y apreciar la vida. Además, es probable que no seas tan duro contigo mismo en el futuro. No solo disfrutarás y apreciarás la vida, sino que disfrutarás y apreciarás ser tú mismo.

Démonos un poco de amor propio ahora mismo con un rápido ejercicio de EFT:

- **1:** Empieza dándote golpecitos en el lateral de la mano mientras dices: *"Me acepto tal como soy. Me quiero por lo que soy. Me respeto y espero que los demás también me respeten. Me quiero plenamente. Tengo valor. Soy lo suficientemente bueno. Merezco amor y merezco ser amado. Me quiero de verdad y prometo quererme y respetarme. Me acepto como la persona que soy"*.
- **2:** Date un golpecito en el interior de la frente, por encima de la ceja derecha; date un golpecito en el lateral de la sien; date un golpecito en el pómulo: *"Me quiero completamente. Me respeto y creo que tengo un gran valor"*.
- **3:** Golpea tu labio superior; golpea tu barbilla; golpea debajo de tu axila en el lado de tus costillas: *"Amarme a mí mismo es algo magnífico. Pensar que no podría amarme a mí mismo ya no es una opción"*.
- **4:** Date golpecitos en la parte superior de la cabeza, en la frente, en la sien, en el pómulo, en el labio superior, en la barbilla, en la zona del corazón y debajo de la axila: *"Parte de mi comportamiento se debía probablemente a esta creencia incorrecta de que no podía amarme a mí mismo. Pero ahora, mi mente y mi corazón están abiertos al potencial del amor propio. Puede que antes tuviera miedo de amarme, pero ahora rechazo*

*esa idea. No tengo miedo. Estoy preparado para amarme a mí mismo".*

- **5:** Date golpecitos en la parte superior de la cabeza; ahora ve a la frente, la sien y el pómulo: *"Descubro que, en realidad, cuanto más me quiero, más grande se hace ese amor".*

- **6:** Date golpecitos en el labio superior y en la barbilla: *"Al amarme a mí mismo, descubro que me resulta más fácil amar a los demás".*

- **7:** Date un golpecito en la zona del corazón; otro en la axila: *"Esto me hace feliz. Por eso me encanta amarme a mí mismo".*

- **8:** Date golpecitos en la parte superior de la cabeza, en la frente y en la sien. *"Rechazo todos los pensamientos viejos que me hicieron creer que no podía amarme a mí mismo".*

- **9:** Date golpecitos en el labio superior; date golpecitos en la barbilla; date golpecitos en la zona del corazón; date golpecitos en la cabeza: *"Limpio mi corazón y me perdono para poder amarme a mí mismo".*

- **10:** Da unos golpecitos debajo de la axila: *"Me quiero y me valoro. Merezco respeto. Me quiero porque merezco amor".*

- **11:** Inspira profundamente, espira y relájate.

Para acompañar al amor propio, necesitas autocompasión, así que aquí tienes un ejercicio de EFT para mejorar la autocompasión. Te sugiero que completes el ciclo aproximadamente tres veces mientras dices estas palabras:

Seré compasivo conmigo mismo. Me quiero y
me acepto tal como soy. Como me quiero,
seré compasivo conmigo mismo. Puesto que
soy compasivo conmigo mismo, me cuidaré.
Me quiero de todo corazón. Limpio mi
corazón, listo para asumir la compasión que
ahora siento por mí mismo. Ahora rechazo
todos los pensamientos y motivos que tuve
antes y que me impidieron ser compasivo
conmigo mismo. Libero esos pensamientos
y sentimientos negativos de mi mente y de
mi cuerpo. Mostrar compasión hacia mí
mismo es bueno para mí. Me hará más saludable tanto en mente como en cuerpo, y me
hará mejor persona. Si soy compasivo
conmigo mismo, es más probable que
también muestre auténtica compasión por
los demás. Me niego a hablar mal de mí
mismo o a menospreciarme. Ahora me doy
cuenta de que no era una forma sana de ser.
La próxima vez que cometa un error de
juicio o me equivoque, mostraré compasión
por mí mismo. Merezco ser compasivo
conmigo mismo y lo seré.

Inspira profundamente, espira y relájate.

Ahora que nos hemos dado un poco de amor y compasión,
es hora de perdonarnos. Si no practicamos el perdón, siempre
estaremos enfadados con nosotros mismos y con el mundo.
Comencemos la curación y perdonémonos. Repite el ciclo de
golpecitos aproximadamente tres veces mientras dices:

Quiero perdonarme a fondo. Me siento avergonzado por cosas que he dicho o hecho en el pasado. Quiero liberar la culpa y la tensión que tengo y sentirme libre. Está bien que me perdone. Para soltar y ser libre, necesito hacerlo. Me amo y me acepto de todo corazón, y me perdono. Si me quiero, puedo perdonarme. Si quiero cuidarme, es lógico que me perdone. Merezco el perdón aunque a veces luche contra esa creencia. Me quiero incondicionalmente y, por tanto, me perdono. Acepto la culpa de todo lo que he hecho en el pasado. He aprendido de los errores que cometí. Ahora, me perdono y sigo adelante. Estoy deseando empezar de nuevo ahora que me he perdonado a mí mismo. Quiero vivir una vida más feliz y sana y ser capaz de perdonarme a mí mismo y perdonar a los demás con facilidad. Me acepto tal como soy y me perdono. Me perdono plenamente. Soy una buena persona. Me perdono y estoy en paz conmigo mismo.

Inspira profundamente, espira y relájate.

Sé que las palabras "amor propio" pueden traerte imágenes de gente con gafas de sol redondas y moradas y flores en el pelo o hacerte pensar que se trata de algún tipo de eufemismo. Sin embargo, hay una razón por la que existe la frase: "No puedes amar a otra persona hasta que no te ames a ti mismo". Lo cierto es que hasta que no te quieres a ti mismo, resulta mucho más difícil tratar con el resto del mundo. Si te odias, es casi inevitable que te enfades contigo mismo y con los demás, porque tiene que haber algún tipo de salida para sacar esa rabia. Si no te quieres, no te respetas, así que siempre antepondrás las necesidades y los deseos de los demás a los tuyos. Si esto ocurre en el trabajo, probablemente acabarás totalmente agotado. Si ocurre en tus relaciones, es probable que tu personalidad e individualismo queden completamente subyugados por tu pareja. Si te amas a ti mismo, cuando esas cosas malas de la vida ocurran (que ocurrirán, no hay forma de escapar de algunas de ellas, como la muerte de un ser querido), estarás mucho mejor preparado para afrontar las situaciones de forma saludable y no recurrir a formas poco sanas de sobrellevarlas. Una vez que desarrollas el amor propio, todo lo demás viene de él: el respeto, el valor, la confianza y la fe; esas otras cosas de las que hablamos, como la compasión y el perdón hacia uno mismo, se vuelven mucho más fáciles.

Por supuesto, no es sencillo llegar a ese punto, pues hay muchos bloqueos y obstáculos que ponemos en el camino, como el monólogo interno negativo y las creencias limitantes, que nos hacen creer que no somos lo suficientemente buenos, que no merecemos amor y que nunca llegaremos a nada. Necesitamos limpiar nuestros corazones y mentes de esos pensamientos y sentimientos para progresar hacia el amor propio.

Una vez que nos amamos a nosotros mismos, es posible perdonarnos. No obstante, tenemos que asumir la responsabilidad, reconocer y disculparnos por las cosas realmente malas que hemos hecho y dicho. Ahora bien, si estás leyendo este libro, lo más probable es que te estés culpando a ti mismo por cosas que no fueron culpa tuya. Como dice el refrán: "Hacen falta dos para bailar un tango". Sea cual sea la situación (crees que has hecho daño a alguien o has disgustado a alguien), hacen falta dos para que eso ocurra. No es posible que hayas hecho todo tú solo, así que es muy poco probable que todo haya sido culpa tuya. Salvo que estuvieras bailando tango y le pisaras el pie a tu pareja. ¡Ahí sí que fue culpa tuya! No, espera: "Hacen falta dos para bailar un tango".

Tampoco estás solo; todos hemos cometido errores en nuestras vidas. Tomamos miles de decisiones cada día, así que es inevitable que algunas no salgan tan bien como esperaríamos. Así es la vida. Dar el primer paso para perdonarte a ti mismo es realmente transformador. Una vez que te das cuenta de que no todo es culpa tuya, de que no todo depende de ti y de que no todo se basa en lo que haces, las cosas pueden cambiar de verdad. Lamentablemente, hasta que no lo hagas, es probable que te impidas vivir tu mejor vida. Siempre va a haber un elemento de autosabotaje; sin embargo, una vez que te perdones a ti mismo y dejes ir esas dudas y reproches, entonces todo será posible.

Hagamos un ejercicio de EFT para limpiar la culpa. Ya conoces el resultado. Empieza con unos golpecitos en el lado de tu mano. Luego muévete a través del ciclo desde la parte superior de tu cabeza hasta el lado de tus costillas. Hazlo durante el tiempo que te parezca adecuado o durante el tiempo que necesites. Di lo siguiente:

*Me avergüenzo de lo que he hecho y dicho. Fue una tontería de mi parte. Me arrepiento mucho de mis actos y me siento muy culpable por ello. Me gustaría poder perdonarme por ello, pero sigo sintiendo que todo es culpa mía. Hasta ahora, no he sido capaz de liberarme de la culpa y perdonarme. Hoy eso cambia. Con este ejercicio, comienzo mi viaje para liberar la culpa y la vergüenza de mi mente y mi cuerpo. Hoy me perdono y ya no me aferro a la culpa. Me amo y me acepto, así que sé que puedo dar ese paso para perdonarme. No todo es culpa mía; no todo ocurre por mi culpa y por mi forma de ser. Ahora lo sé. Antes no lo sabía. Por eso, era incapaz de perdonarme. Ahora me perdonaré. Si pudiera volver atrás en el tiempo, habría hecho las cosas de otra manera, pero sé que soy humano. Lo que me llevó a comportarme como lo hice ocurrió y ya; errar es de humanos. Por eso, puedo perdonarme.*

*Toda esta culpa, vergüenza y arrepentimiento que he estado guardando todos estos años puede finalmente desaparecer. Me libero en cuerpo y mente. Lentamente y con seguridad, lo libero todo. Estoy listo para perdonarme. Dejo ir toda mi culpa. Limpio la culpa de mi cabeza y de mi corazón.*

Inspira profundamente, espira y relájate.

Incluso con todas estas promesas de perdón y amor, puede ser difícil avanzar más allá de cierto punto. Esto se debe al conflicto interno que a veces tenemos en nuestro interior. Queremos perdonarnos, pero algo nos detiene y nos dice: "No, no mereces el perdón". Generalmente, el conflicto interno puede significar que las cosas no están bien dentro de nosotros, es decir, no estamos en paz con nosotros mismos o con otra persona. Si ese conflicto interno no se resuelve, puede convertirse en aflicciones mucho más graves, como la desesperación y la depresión. Tienes que ser capaz de aclarar ese conflicto interior para poder progresar.

Todo lo que gira en torno a este capítulo (y a todo el libro) trata sobre explorarte y descubrirte a ti mismo, sobre cómo te han programado a lo largo de los años, sobre cómo te han impuesto creencias limitantes y sobre cómo puedes aprender a quererte, aceptarte y perdonarte. A través de este autodescubrimiento, quedará claro por qué te has comportado como lo has hecho y por qué has tenido estos sentimientos y emociones a lo largo de los años. Tal vez incluso descubras nuevas emociones y sentimientos que ni siquiera sabías que había en ti. Hasta ahora, en el mejor de los casos, te has mantenido a flote. No has tenido la oportunidad de aprovechar realmente las oportunidades de la vida y pensar qué es lo que realmente quieres hacer. La palabra sánscrita *"Dharma"* define el propósito de tu alma. Pues bien, en tu viaje de autodescubrimiento, esta es realmente la oportunidad de encontrar el propósito de tu alma y de tu vida. Esta es la oportunidad de darle a tu alma todo el sustento y la bondad que pueda necesitar mientras te exploras a ti mismo y aprendes a amarte. Esta es la oportunidad de descubrir qué es lo que realmente quieres hacer y qué es lo que hará que tu alma comience a cantar. Toma el micrófono de la vida y canta la canción que tu alma te pida. Todo esto puede lograrse con la ayuda de la terapia somática, la cual puede curarte, ayudarte a descubrirte a ti mismo y ayudarte a alejarte de la ansiedad y la depresión para llegar a un verdadero lugar de felicidad y paz. La terapia somática puede ayudarte a conseguir todo eso y mucho más.

## LA DEPRESIÓN Y LA TERAPIA SOMÁTICA

La depresión puede durar días, meses e incluso años. Enfrentarse a ella y luchar contra ella es todo un reto. Cualquier cosa puede provocarla. Quizás algo en tu vida haya cambiado drásticamente o hayas pasado por un acontecimiento traumático. A veces, la misma aparece cuando no parece haber una razón;

es probable que tu cuerpo se esté poniendo al día años después de un suceso o que algo pequeño sea lo que ha llevado a tu cuerpo al límite. La depresión es lo que ocurre cuando nuestro cuerpo entra en modo de "paralización" permanente o incluso en modo de "desconexión". Las mujeres tienden a sufrir depresión el doble que los hombres ("Trastornos depresivos", s.f.). Quizás esto no sea tan sorprendente si tenemos en cuenta todo lo que sus cuerpos y dinámicas internas sufren en comparación con los hombres, además de la presión que las mujeres suelen ejercer sobre sí mismas para "tenerlo todo", una presión que está totalmente ausente en la vida de la mayoría de los hombres.

Recuerdo una época de mi vida en la que luché contra la depresión. Fue entre el final de mi adolescencia y el principio de mis 20 años. Lo recuerdo muy bien porque, aunque hace muchos años que no tengo episodios parecidos, siempre estoy alerta por si vuelven los mismos sentimientos. Salir de la cama solía suponer un gran esfuerzo. Si conseguía hacerlo antes del mediodía, era un milagro. Una vez levantado, no me molestaba en ducharme, lavarme los dientes o vestirme. Siempre quería estar solo, ya que estar en compañía de otras personas se me hacía insoportable. Uno piensa que nadie querría estar a su lado, así que la situación se convierte en una profecía autocumplida, pues uno se aísla de cualquiera que quiera ayudar y dar apoyo. A pesar de que nunca podría haber llevado a cabo un intento de suicidio, (simplemente no tenía ese tipo de acción en mí), eso no me impidió tener el tipo de pensamientos que te llevan a creer que nadie te echaría de menos si no estuvieras vivo, que el mundo probablemente sería un lugar mejor si no estuvieras en él. Estos pensamientos pueden llevarte a creer que serías más feliz si ya no existieras, pues la vida te es demasiado dolorosa y te supone demasiado esfuerzo. En mi caso, no creo que haya habido un acontecimiento que desencadenara la depresión; considero que fueron muchas cosas durante un largo período de tiempo las que me llevaron a ese punto, y creo que el hecho de que mi vida estuviera cambiando también jugó un papel fundamental. En aquel entonces, me cuestionaba quién era yo la mayor parte del tiempo. Las palabras no bastan para describir lo oscura y solitaria que es la depresión, pero lo bueno es que ahora ya no me siento así. Si puedes abordarla, la depresión no tiene por qué durar para siempre. Hay una razón por la que nuestros cuerpos y mentes entran en depresión, lo cual implica que hay una salida. Esa salida puede ser la terapia somática.

En los capítulos anteriores, aprendimos que hay muchas técnicas de terapia somática que puedes probar si te sientes deprimido. Puedes emplear la TCC para cuestionar tus patrones de pensamiento. Puedes indagar en todos esos pensamientos que tienes constantemente, en los que se describe el peor resultado o escenario posible. Pensemos hasta qué punto es realista ese pensamiento y veamos si podemos cambiar el patrón que le da vida. Estimular el nervio vago también puede ser una buena opción. Hay versiones más extremas en las que se utilizan electrodos en lugar de los dedos para estimular el nervio; no obstante, una simple estimulación ya pondrá en marcha el sistema de compromiso social. Tras lograrlo, es posible que entres en un estado de ánimo más dinámico que te permita jugar con las expresiones de tu rostro y tu tono de voz e intentar que esa nube negra que se cierne sobre ti se aleje y deje paso a la luz del sol.

Puedes aplicar algunas técnicas sencillas que ayudan a combatir la depresión. Una de ellas es ponerte en posturas o posiciones que te permitan alargar la columna vertebral. En el siguiente capítulo, encontrarás prácticas de yoga somático y posturas que son útiles para esto. Cuando nos deprimimos, nuestro cuerpo tiende a encorvarse y nuestro pecho se hunde un poco, así que hacer cosas para alargar la columna vertebral ayuda a mejorar la mentalidad y la perspectiva. Esta no es una cura permanente, pero puede ser de ayuda junto con el resto de los trabajos somáticos.

Además, si te sientes deprimido, moverte puede ser muy beneficioso. El simple hecho de levantarte de la silla y ponerte de pie puede suponer una pequeña diferencia. Hacer algo de ejercicio básico, pequeños movimientos de yoga, algo de Qigong o simplemente algunos ejercicios de tensión y liberación muscular (ambos se tratan en el capítulo 9), puede ayudarte mucho a levantar el ánimo y a sentirte un poco mejor contigo mismo.

La psicoterapia sensomotriz, de la que te hablé en el capítulo 6, puede ser una herramienta muy útil en la lucha contra la depresión. Tómate tu tiempo para sentir tu cuerpo y hacerte esas preguntas sobre cómo te sientes. El mero hecho de dedicar tiempo a conocer tu cuerpo y el mundo que te rodea puede estimular tu sistema nervioso y ayudarle a emitir energía positiva.

## ANSIEDAD, DESENCADENANTES, REDUCCIÓN DEL ESTRÉS Y TERAPIA SOMÁTICA

La ansiedad es una forma de preocupación extrema que provoca un estrés excepcional; sus síntomas incluyen respiración entrecortada, sensación de que se va a sufrir un ataque de pánico, náuseas o picor en la piel. Cada persona tiene una reacción física diferente a la ansiedad, pero la angustia mental es similar: Estás asustado o preocupado por algo. Los desencadenantes son aquello que tu memoria asocia con el peligro, ya sea una persona, un acontecimiento o un objeto. Por ejemplo, una amiga mía que solía ser arrendadora tuvo un inquilino que le causó un gran dolor de cabeza. Cuando el inquilino se marchó, mi amiga empezó a tener miedo de todo lo que tuviera que ver con el apartamento; empezó a imaginarse todo tipo de problemas con la vivienda que en realidad no existían, pues el verdadero peligro no era la vivienda, sino el comportamiento del inquilino (que había supuesto un verdadero peligro). El apartamento en sí estaba perfectamente bien.

Conozco a alguien que una vez recibió quimioterapia. Esta persona celebró la finalización de su primera ronda de tratamiento comiendo pescado y papas fritas, sin darse cuenta de que era probable que la quimioterapia le provocara problemas estomacales más tarde. En efecto, "se puso enfermo" después del pescado y las papas fritas. A partir de entonces, no pudo volver a comer pescado con papas fritas durante mucho tiempo, no solo porque le había sentado mal, sino porque, en última instancia, le recordaba a la quimioterapia y, por tanto, al cáncer. Estos desencadenantes pueden funcionar para objetos y cosas muy corrientes, pero como se relacionan con el peligro que la persona encontró, el cerebro se asusta y relaciona ambas cosas, llegando a una conclusión errónea.

Debo dejar en claro que los desencadenantes no son algo malo. Su función es importante, ya que nos hacen conscientes de un peligro inminente. El problema empieza a surgir cuando el cerebro y el cuerpo se aceleran y empezamos a sentir el peligro cuando, en realidad, este no existe. Esto puede convertirse en una espiral en la que, en el ejemplo del apartamento de mi amiga, se empieza a tener miedo del objeto o cosa en sí, así que la mejor forma de escapar de ese miedo es no acercarse o no hablar con nadie de ello. Sin embargo, es entonces cuando tu mente empieza a asociar que lo que te ha salvado del peligro (imaginario) del apartamento es no acercarte a él. Esto puede llevarte a tener ansiedad por los apartamentos en general. Ahora, cualquier apartamento es un desencadenante de peligro. En consecuencia, tienes miedo de salir porque podrías ver un apartamento. Para empeorar las cosas, intentas no entablar conversaciones porque puede que la persona en cuestión te diga que vive en un apartamento. Aunque pueda parecer una tontería, este tipo de ciclo de pensamiento no es infrecuente. Cuando los desencadenantes alcanzan este nivel de vulnerabilidad, los mismos se convierten en el peligro en sí, haciendo que acabes atrapado en una espiral de ansiedad que no hará más que descender.

Aquí tienes algunos ejercicios de terapia somática sencillos y fáciles de seguir que puedes utilizar para curar tu ansiedad y amortiguar esos desencadenantes:

- **1:** Colócate en una buena posición de grounding. Asegúrate de estar sentado cómodamente en una silla o en un sofá con los pies bien apoyados en el suelo delante de ti. Intenta que tus hombros, cuello y brazos se relajen. Coloca las manos y los brazos sobre los muslos para poder respirar adecuadamente. Respira como lo harías normalmente e intenta concentrarte en las zonas en las que sientes la ansiedad físicamente.

Identifica esas zonas. ¿Es el estómago? ¿Sientes opresión en el pecho? ¿Te sudan las manos? ¿Te pica la piel? ¿Te late con fuerza el corazón? Dondequiera que sientas la ansiedad, concéntrate en esa zona e imagina que tu respiración procede de ella. Puedes tocar la zona para que tu mente y tu cuerpo establezcan una conexión respecto a la ubicación de la ansiedad y el deseo de curarla. Debes permanecer respirando, concentrándote y sanando durante aproximadamente 30 segundos para comprobar cómo te sientes; a continuación, debes realizar lo mismo durante un minuto entero. Con suerte, la zona se sentirá menos tensa y tu ansiedad empezará a reducirse.

- **2:** De vez en cuando, siéntate y ponte en contacto contigo mismo. ¿Cómo estás respirando? ¿Estás haciéndolo desde el pecho? Concéntrate y respira con el estómago. Eliminar esa forma superficial de respirar debería empezar a repercutir en tus sentimientos de ansiedad y empezar a reducirlos.

- **3:** Cuando te sientas tenso, contrae esa parte del cuerpo, ponla lo más tensa posible y luego afloja suavemente. Por extraño que pueda parecer, tensar al máximo la zona en la que sientes ansiedad y luego aflojarla puede reducir la ansiedad. Esto se debe a que el cuerpo y la mente reconocen el problema y lo abordan. Una vez hecho esto, es posible que tu cuerpo se sienta más relajado. Si no aplicas este método e intentas relajarte por tu cuenta, tu cuerpo sentirá que lo estás ignorando. Al reconocer la ansiedad y contraer lo máximo posible la zona en cuestión y luego relajarse, el cuerpo nota que ha detectado que tiene dificultades en esa zona. Así, habrás constatado que tu cuerpo está listo para curarse y seguir adelante.

## LIBERACIÓN SOMÁTICA DE LA IRA

En ocasiones, la ira se considera una emoción infame. La contemplamos con recelo y miedo. Si alguien está enfadado, puede que lo veamos como una debilidad y oigamos cosas como: "Diablos, ¿qué te pasa? ¿Estás sensible?" Por supuesto, como todas las emociones, la ira sirve para algo. Si estamos enfadados, es porque algo va mal. Sin embargo, el hecho de que alguien esté siempre enfadado puede significar que hay un problema mucho más profundo que va más allá de un conflicto superficial en el trabajo o de pareja. La ira también puede provocar que la persona se meta en problemas. El enfado constante puede llevar a la violencia, a proferir amenazas y a hacer o decir cosas desagradables a otras personas que no tienen culpa de nada. En algunas ocasiones, el enojo puede desembocar en la famosa "ley del hielo" o en un malhumor interminable. A fin de cuentas, sea cual sea el resultado, no es agradable sentirse siempre en desacuerdo con todo y con todos. Es tan agotador que es probable que la persona acabe teniendo pocos amigos o familiares que puedan tolerarla. Pese a lo que acabo de decir, quiero que recuerdes que estar enfadado está bien y no es algo de lo que debas avergonzarte. Es una emoción humana normal por la que todos pasamos. Reprimir las emociones puede ser peligroso y puede provocar problemas de salud, así que enfadarse no es malo (dentro de lo razonable). Eso sí, si la ira es la única emoción que pareces experimentar, entonces debes tener cuidado.

La terapia somática puede ser de gran ayuda para quienes necesitan comprender, liberar y soltar la ira de una forma sana. La misma ayudará a liberar todas esas emociones enterradas (aquello que uno mismo no ha querido reconocer y aceptar) en lo más profundo del ser. El uso de técnicas somáticas durante un largo período de tiempo puede ayudar en gran medida a manejar y regular la ira, lo que a su vez puede tener beneficios para la salud al reducir problemas digestivos, relajar más los músculos, mejorar la concentración y promover el sueño (Friedman, 2019).

Como la ira es una emoción tan poderosa, es esencial lidiar con ella de una manera segura y saludable. Participar en métodos catárticos en los que se anima a la persona a desahogarse con gritos o descargas físicas es una forma de hacerlo, pero puede no ser saludable. Por otro lado, el uso de la experiencia somática y otras prácticas similares a lo largo del tiempo (en las que aprendes a escuchar a tu cuerpo) puede hacer que comiences a comprender tu ira. De esta forma, puedes soltarla poco a poco de manera controlada, sana y en un espacio seguro. Soltar tu enojo de golpe y de forma descontrolada puede no ser seguro para ti, sobre todo si tienes TEPT u otros síntomas relacionados con el trauma. De hecho, hacer esto puede ser bastante perjudicial y hacer que la ira se libere solo temporalmente sin el efecto duradero que necesitas.

Empecemos con un ejercicio somático de liberación de la ira para ver lo fácil que es llevarlo a cabo; una vez más, puedes hacerlo en la seguridad de tu propia casa; simplemente ve a una habitación y practica cuando la emoción se haga evidente.

Primero, como siempre con las prácticas somáticas, familiarízate con tu cuerpo. Tómate un tiempo para sentir en qué parte se encuentra la ira. Inspira y espira profundamente y siente esa zona. Ahora, allí donde sientas la ira, sacude tu cuerpo. Si quieres, puedes utilizar las manos para ejercer una ligera presión. Agita tu cuerpo e imagínate sacudiendo ese enojo para que desaparezca y al fin te sientas libre y listo para seguir adelante. Este ejercicio es muy sencillo y directo a la hora de abordar tus sentimientos de enfado o frustración.

Otra opción es encontrar algo que puedas apretar muy fuerte: una toalla, algo de ropa o incluso el antebrazo de un compañero o amigo. Si eliges la última opción, ten cuidado y procura que sea el antebrazo y no la articulación de la muñeca o el codo. Asegúrate de que sea algo que te permita descargar la rabia para poder seguir con tu día.

Combinar estos ejercicios con tu experiencia somática te permitirá conocer tu cuerpo y entender en dónde y por qué vive la ira; en consecuencia, podrás liberarla y soltarla de forma lenta pero segura a fin de reanudar y seguir con tu vida con salud y tranquilidad.

# 9

# DESCUBRE NUEVOS CAMINOS HACIA LA RECUPERACIÓN (OTRAS TÉCNICAS PARA CURAR EL TRAUMA)

A unque no forman parte de la experiencia somática, existen muchas otras técnicas de naturaleza somática que puedes incorporar a tus rutinas de curación y terapia. Todas ellas contribuyen a la flexibilidad del cerebro y estimulan su capacidad para adaptarse y mejorar.

## PRÁCTICAS DE QIGONG Y SACUDIDA ENERGÉTICA

La traducción de la palabra "Qigong" es "trabajo energético". Esto se debe a que, en esencia, lo que se hace al practicar Qigong es intentar canalizar la energía a través de las palmas de las manos. Normalmente, esto se hace estando de pie. También se suele combinar con ciertos ejercicios de respiración. La clave está en la coordinación de los ojos con los movimientos, la respiración y la concentración mental. Una revisión de los numerosos estudios sobre el Qigong y el Tai Chi (otra práctica) concluyó que estos tienen muchos beneficios para la salud y la psicología (Jahnke et al., 2010). Si pensamos en lo que dijo Peter Levine sobre los animales que "se sacuden el trauma", tiene sentido que participar en prácticas energéticas, incluida la sacudida, pueda ser bueno para nuestra salud física y mental.

Lo bueno del Qigong, como tantas otras prácticas somáticas, es que se puede hacer en cualquier sitio; siempre que se encuentre un lugar tranquilo y apacible, se puede practicar fácilmente.

Para que te hagas una idea, aquí tienes una práctica fácil de seguir:

- Empieza poniéndote de pie con una postura buena y erguida. Cierra los ojos y siente cómo respiras; siéntete a ti mismo y a tu cuerpo en el momento presente. A continuación, cuando estés preparado, abre los ojos, pero ten cuidado de no perder la sensación de estar en el presente; despierta la energía que hay en tu cuerpo. Empieza sacudiendo el brazo derecho, pero asegúrate de mantenerlo relajado y no lo tenses al sacudirlo. A continuación, levanta tu pierna derecha ligeramente y agítala. Cuando sientas que estás listo para continuar, baja la pierna derecha y sacude el brazo izquierdo. Luego, cuando te parezca adecuado, pasa a la pierna izquierda.
- Cuando te sientas preparado, baja la pierna izquierda y sacude todo el cuerpo: brazos, piernas, cabeza... todo. De nuevo, procura mantener el cuerpo suelto y relajado, sin tensarlo. Puedes cerrar los ojos si quieres. A diferencia de cuando sacudiste la pierna, debes mantener los pies en el

suelo. No obstante, puedes mover los talones hacia arriba y hacia abajo, pero no levantes la pierna del suelo. Intenta sacudirte con más fuerza, entregándote por completo al acto, y comprueba si realmente puedes liberar esa energía de tu interior. Puedes levantar los brazos si así te lo indica tu energía. Tu boca debe estar completamente relajada, así que, si esto te lleva a hacer ruidos, está bien. Estás soltando energía, por lo que es normal que tu cuerpo te indique que hagas ruido. Muy despacio, empieza a sacudirte un poco menos fuerte; hazlo lentamente hasta que vuelvas a la postura estática de pie.

## YOGA SOMÁTICO

El yoga somático es, como su nombre indica, una mezcla de yoga con los principios mente-cuerpo de la somática. Esta práctica utiliza la conciencia somática del cuerpo para ayudarte a reconectar el cerebro y ejercitar los músculos para liberar la tensión y el estrés acumulados por un trauma. Esta técnica no te limita a seguir lo que te dice un profesor de yoga y a copiar los movimientos sin más; por el contrario, realizas dichos movimientos pensando en lo que siente tu cuerpo y en lo que te dice.

Uno de los aspectos de la práctica del yoga somático es garantizar que se incluya un elemento de grounding. Como bien recordarás de capítulos anteriores, el grounding nos da esa sensación de seguridad y calma fundamental para poder escuchar a nuestro cuerpo. Para muchas de las prácticas anteriores, hacer grounding consistía en sentarse con los pies firmemente plantados en el suelo. Para el yoga, esto es ligeramente diferente, como puedes imaginar. En este contexto, el grounding implica que te sientes en el suelo con las piernas cruzadas y los brazos estirados y apoyados en las mismas. A continuación, levanta los brazos en el aire, haz el signo de la paz con ambas manos y luego colócalas (aún con el signo de la paz) en el suelo, dejando que los hombros se relajen. Puede que sientas la necesidad de cerrar los ojos. En este caso, el suelo es la tierra, así que estás realizando una conexión directa ella. Como en todas las formas de grounding, aquí es donde empiezas a sentir tu cuerpo en el presente y en el aquí y ahora. Luego, puedes inhalar profundamente y exhalar; entonces, estarás listo para comenzar el resto de tu práctica de yoga.

Las diversas posturas de yoga tienen razones y beneficios específicos. Me limitaré a repasar aquí algunas de ellas para que conozcas sus utilidades:

- **Postura del niño:** Esta postura es conocida por su capacidad para reducir el estrés y aumentar la energía. Para llevarla a cabo, tienes que ponerte en posición de rodillas. Los dedos gordos de los pies deben tocarse y las rodillas deben estar separadas. Inspira profundamente e intenta alargar la columna vertebral. Espira e inclínate hacia delante, moviendo la cabeza hacia el suelo. Si quieres, puedes utilizar las manos para apoyar la cabeza. Abre la parte posterior de los hombros y deja que el estómago y el pecho se expandan. Quizás quieras separar más las rodillas. Relaja los brazos y colócalos junto a los pies, con las palmas hacia arriba. Respira y relájate. Al respirar, deberías sentir que la postura se acentúa. Como es una postura destinada a la relajación, tómate unos minutos para permanecer inmóvil y distenderte. Cuando estés listo para terminar con el ejercicio, sube las manos hasta las rodillas, inspira y muévelas para empujarlas contra el suelo y elevarte. Mueve lentamente el pecho y los hombros hacia arriba para volver a la posición inicial, de rodillas y con la espalda recta.

- **Postura del gato y la vaca de pie:** Estas son en realidad dos posturas diferentes que se han combinado para hacer una postura incluso más efectiva. Este ejercicio puede ayudar a flexibilizar la columna vertebral y, por lo tanto, la postura. Sin embargo, lo mejor de todo (y a efectos de nuestro objetivo), es que ayuda a tranquilizar y a reducir el estrés. Para hacer esta postura, tienes que empezar sobre las manos y las rodillas, con la cabeza en el centro del cuerpo mirando hacia abajo. Primero, haz la postura de la vaca, así que inspira y mueve el estómago hacia el suelo mientras levantas la barbilla y el pecho y desvías la mirada hacia arriba. Intenta mover los hombros hacia fuera y alejarlos de las orejas. A continuación, pasa a la postura del gato. Espira y mueve el estómago hacia la columna vertebral. Imagina un gato cuando se levanta de la siesta y estira la espalda. Así es como tienes que verte. Mueve la cabeza hacia el suelo, pero ten cuidado de no meter la barbilla en el pecho. Inspira volviendo a la postura de la vaca y espira volviendo a la postura del gato. Repite esta secuencia al menos cinco veces. Cuando necesites salir de la postura, levántate y vuelve a sentarte sobre los talones con el cuerpo en posición vertical.

- **Postura de flexión hacia delante:** Puedes empezar esta postura de pie. Básicamente, te agachas (hacia delante) y compruebas si puedes apoyar las manos en el suelo. No te preocupes si no puedes; no lo fuerces, ya que podrías lesionarte. Simplemente inclínate todo lo que tu cuerpo te permita.

- **Postura de relajación:** ¡Seguramente ya hayas adivinado cuál es el beneficio de esta postura! Túmbate en el suelo boca arriba con las manos a los lados, ligeramente estiradas, las palmas hacia arriba y las piernas algo separadas. Siente tu cuerpo y siente el contacto que tienes con el suelo. Inspira profundamente. ¡Así de sencillo es!

Aquí tienes un ejercicio de yoga para poner en práctica. Empieza con el ejercicio de grounding que te proporcioné antes. Una vez hecho esto, levanta las manos hasta ponerlas delante del pecho, casi como si estuvieras rezando. Inspira y levanta los brazos todo lo que puedas. Cuando espires, baja los hombros, más o menos como si te encogieras de hombros. Repítelo: brazos arriba/inspira y hombros abajo/exhala cuatro o cinco veces. Esta vez, cuando levantes los brazos, junta las palmas y mira hacia arriba si puedes. Luego, espira, deja que tus manos bajen a la posición de "rezo", y ponlas donde las tenías en tu posición de grounding.

## TÉCNICAS BASADAS EN EL MOVIMIENTO

Además de las prácticas de sacudidas y el yoga, existen otras técnicas que implican movimientos somáticos, los cuales suponen concentrarse en las sensaciones y no preocuparse tanto por el aspecto físico mientras se realiza el movimiento. Los movimientos somáticos suelen ser lentos para permitir que el cuerpo y el cerebro los aprendan, y se llevan a cabo concentrándonos por completo en las sensaciones corporales. Dichos movimientos suelen tener algún propósito, ya sean beneficios físicos, mentales o ambos.

Estas técnicas incluyen la relajación (condicionada) por tensión y liberación, en la que se tensa y se relaja cada músculo del cuerpo. Además de ser relajantes, estas técnicas resultan muy fáciles de poner en práctica en cualquier momento y en cualquier lugar de tu casa.

Aquí tienes un ejercicio rápido y sencillo de tensión y relajación para practicar. Por favor, ten cuidado de no lesionarte los músculos. Si sientes un dolor agudo, detente.

Concéntrate en un músculo, por ejemplo, la pantorrilla. Inspira profundamente y tensa ese músculo hasta el punto en el que sientas cierta presión sobre él; mantén esa tensión durante unos cinco segundos. A continuación, afloja mientras espiras al mismo tiempo. No está de más que visualices el músculo soltando la tensión como el aire que sale de un neumático reventado (o lo que sea que te resulte más práctico). Observa la diferencia entre cómo te sientes y cómo se siente tu cuerpo al estar relajado y al estar tenso. Debes permanecer relajado durante aproximadamente 10 segundos y luego pasar al siguiente músculo. Cuando hayas completado todos los grupos musculares, relájate y asimila y disfruta de la sensación de relajación. En total, el ejercicio debería durar entre 10 y 15 minutos. Los principales grupos musculares son el pie (curva los dedos hacia abajo), las pantorrillas, los muslos, las manos, los bíceps, los glúteos, el estómago, el pecho, los hombros, la mandíbula, los ojos y la frente (levanta las cejas).

Puedes realizar este ejercicio con ciertas variaciones para promover la relajación muscular. Para ello, mantén la tensión durante unos 15 segundos y, a continuación, afloja y relájate. En este caso, debes respirar con normalidad sin importar cuándo inhales y exhales.

## ELIMINACIÓN DEL TRAUMA POR MEDIO DE SACUDIDAS

Estos ejercicios están diseñados para liberar la tensión y el trauma de los músculos en lo más profundo del cuerpo. Los mismos consisten en una forma segura de sacudirse que libera la tensión de los músculos y calma el sistema nervioso y a uno mismo. Llevar a cabo esta técnica no te tomará mucho tiempo (20 minutos como máximo); además, no necesitas estar en forma. ¡Cualquiera puede ponerse manos a la obra! Las sacudidas energéticas están muy relacionadas con la teoría de que los animales afrontan los traumas "sacudiéndose", por así decirlo. Esta práctica le sugiere al cuerpo que vuelva a su estado normal de equilibrio, por lo cual debería generar una sensación de paz y tranquilidad.

Por ejemplo: Túmbate boca arriba y coloca las plantas de los pies juntas con las rodillas dobladas hacia fuera. A continuación, levanta la pelvis unos centímetros del suelo y ve metiendo poco a poco las rodillas unos centímetros cada 30 segundos. Después de algún tiempo, deberías llegar a un punto en el que empieces a temblar. Si tardas mucho en sacudirte de forma natural, es porque tus músculos son muy fuertes, así que puede que necesites mantener la postura durante más tiempo. Cuando estés listo, puedes apoyar las plantas de los pies y la pelvis en el suelo y relajarte para dejar que el trauma se libere a través de las sacudidas. Si necesitas dejar de sacudirte, simplemente estira las piernas. Cuando hayas terminado, túmbate boca arriba y deja que la calma te invada. La sensación de temblor repentino puede resultar extraña, pero es para lo que el cuerpo está diseñado en caso de que los músculos se fatiguen, así que es perfectamente natural. Te será muy terapéutico "sacudir" el trauma.

## ARTETERAPIA SOMÁTICA

No te preocupes. No hace falta que seas Van Gogh o Picasso para hacer arteterapia, aunque a ellos les habría venido muy bien. Lo que importa no son tus habilidades artísticas, sino su carácter terapéutico. Además, la arteterapia no se limita a la pintura, sino que también incluye la música, la danza, la escultura, el dibujo, la escritura y otras formas de arte. Lo importante es aprender sobre nosotros mismos, nuestra mente y nuestro cuerpo. Aquí no importa el aspecto o el sonido del producto artístico acabado. Es sabido que a menudo expresamos nuestros pensamientos y sentimientos más íntimos cuando somos creativos. Tan solo fíjate en los compositores que se enfrentan a una tragedia personal escribiendo una canción sobre la misma. Mira cómo utilizamos el arte de otra persona para expresarnos. Recuerdo que había una canción en particular que solía tocar para llorar la muerte de mi madre.

Tocarla me ayudaba a derrumbarme, llorar y atravesar el proceso de duelo. Sin ella, me quedaba callado y me lo guardaba todo, lo cual, como sabemos, no suele ser saludable.

Se dice que como el arte compromete nuestras capacidades mentales y físicas, hace que nos "olvidemos" del dolor físico que podamos tener. El arte no es simplemente algo que nos hace olvidar el dolor, sino que nos relaja y, como algunas de las técnicas de movimiento, puede devolver el cuerpo a su estado normal. Dicho con otras palabras, quienes padecen dolor crónico intenso pueden beneficiarse enormemente de la arteterapia. Un importante estudio involucró a 200 personas hospitalizadas por una intervención quirúrgica o un problema médico e hizo que participaran en una sesión de arteterapia durante 50 minutos. En promedio, estos pacientes mostraron un mejor estado de ánimo y redujeron sus sentimientos de dolor y ansiedad (Shella, 2017).

Sabemos que nuestra alma, espíritu o psique desempeña un papel muy importante en nuestra curación física. Por eso se dice que "la mente está por encima de la materia" y cosas por el estilo. No es tu cerebro el que le dice a tu cuerpo que se ponga bien, sino la parte de ti que produce tus sentimientos y pensamientos. El arte es el medio por excelencia para expresar e involucrar esa parte subconsciente de nosotros mismos, por lo que no es de extrañar que pueda ayudar a quienes sufren dolores constantes, ya sean físicos, psicológicos o traumáticos. De este modo, la arteterapia puede utilizarse junto con la medicina tradicional para ayudar a personas con diversos problemas de salud física y mental.

A continuación, te propondré un ejercicio rápido de arteterapia. Ten en cuenta que, para llevar a cabo este tipo de práctica, necesitas algunas cosas extra; en este caso, tendrás que disponer de algunos crayones, lápices de colores o bolígrafos. Si tienes pintura, quizás quieras pintar. También necesitarás papel. Cualquier papel sirve, no hace falta que sea un papel especial de ningún tipo. Antes de empezar con tu arte, tómate un tiempo para cerrar los ojos e inspirar profundamente unas cuantas veces y exhalar con una respiración más larga. Sé consciente de tu cuerpo y de lo que este siente. Cuando estés preparado, toma el lápiz o el bolígrafo y dibuja un círculo grande en el papel. Ahora, dentro del círculo, dibuja cómo te sientes en el momento presente. Sé que es algo difícil de interpretar, pero déjate llevar por las formas y los colores hacia los que te sientas atraído para representar tus emociones. El círculo representa un espacio seguro y, por lo tanto, eres libre y capaz de expresarte dentro de él. Para saber qué significa tu dibujo, puedes hacer un ejercicio de escritura en el que le hagas preguntas al dibujo y este, como si fuera una persona, tenga que responder. Empieza con algunas preguntas generales y luego ve avanzando hasta llegar a las preguntas específicas acerca de las necesidades del dibujo y cómo pretende satisfacerlas. No sientas que tienes que seguir un guion; deja que la conversación vaya por donde tú quieras. Deja que lo que surja de ese diálogo se sumerja en ti. No trates de forzar ninguna conclusión ni intentes analizar lo que has dibujado y debatido. Deja que penetre en ti y, al estar en contacto con tu cuerpo y tu mente, lo que tenga que ocurrir o abordarse saldrá de forma natural.

# 10

## ¿TE SUENAN ESTAS PERSONALIDADES?

A lo largo de nuestra vida, entraremos en contacto con un gran número de personas diferentes, todas ellas con sus propias identidades y personalidades únicas. Sin embargo, hay ciertas personalidades que, al cruzarnos con ellas, son capaces de causar daño psicológico y generar traumas. Si aprendemos a lidiar con estas personalidades y a sanarnos cuando entramos en contacto con ellas (y esto tiene un impacto), entonces podremos impulsar nuestra capacidad de amarnos y tener compasión por nosotros mismos a lo más alto. Tener contacto con este tipo de personalidades nos causa daño. No es culpa nuestra; el problema lo tiene la otra persona, no nosotros. Sin embargo, por desgracia, estas personas nunca resuelven dichos problemas, así que a menudo nos quedamos con el peso de su ignorancia mientras intentamos recuperarnos del trauma que nos causaron. Ya no más. Después de este capítulo, estarás preparado para perdonarte a ti mismo, para superar los encuentros pasados con este tipo de personalidades y para reaccionar de manera más eficaz cuando te los encuentres en el futuro.

## TRASTORNO DE PERSONALIDAD NARCISISTA

Este tema está bastante extendido en la actualidad, pues hay comentaristas que insinúan que ciertas celebridades se ajustan a este tipo de personalidad. Todos son rumores; ninguno de nosotros conoce realmente a los individuos en cuestión, por lo que es un poco exagerado señalar con el dedo. Sin embargo, hay quienes dicen que las denuncias contra ciertas celebridades que se muestran agresivas con su personal hasta el punto de llegar a la violencia física, alejan a los miembros de su familia y amigos y tienen la necesidad de conceder entrevistas al respecto sugieren la presencia de un típico trastorno narcisista. Nosotros no somos más que espectadores, así que no sabemos realmente qué es verdad y qué no, pero es una premisa interesante.

Las personas que verdaderamente padecen un trastorno de personalidad narcisista suelen mostrar una idea exagerada de su propia importancia, necesitan constantemente atención y respeto, tienen problemas para mostrar cualquier tipo de empatía hacia los demás y, la mayoría de las veces, entablan relaciones muy conflictivas. Este trastorno puede causar problemas importantes en todos los ámbitos de la vida de una persona, como el trabajo, las relaciones y la administración financiera. Si alguien con este trastorno no recibe la atención que necesita, será propenso a sentirse muy infeliz y frustrado. Además, es muy probable que los demás no disfruten de su compañía y se mantengan alejados.

Otro rasgo de este trastorno es el deseo de ser reconocido como mejor que los demás, aunque el individuo no haya conseguido nada que sugiera que lo es. Aquellos que padecen este trastorno inflan sus logros y se concentran en ilusiones de grandeza sobre lo poderosos, ricos y atractivos que son. También suelen exagerar a la hora de hablar de su pareja perfecta. Debido a su propio sentido de superioridad, creen que solo pueden relacionarse con personas de igual o mayor importancia y menosprecian a los demás. Intentarán dominar las conversaciones y a menudo interrumpirán o harán comentarios sarcásticos a quienes consideren que no tienen el mismo nivel. Como se creen superiores a los demás, esperan que cualquier persona inferior les trate como tales y que siempre esté dispuesta a responder a cualquier petición. Además de mostrar signos de celos hacia otras personas, también suelen creer que hay personas que están celosas de ellos. Siempre querrán lo mejor de todo: el mejor televisor, el mejor auto, el mejor teléfono, la mejor casa, entre otras cosas. De ahí las dificultades económicas en las que a veces pueden encontrarse.

Debido a todo esto, los narcisistas no reaccionan bien a ninguna crítica percibida o sugerencias sobre cómo podrían mejorar su comportamiento. Asimismo, pueden enojarse y frustrarse mucho si no reciben el tipo de comportamiento complaciente que esperan de otras personas. A menudo se enojan e intentan menospreciar a la persona que consideran inferior para sentirse mejor consigo mismos. En las relaciones, este tipo de comportamiento puede acabar en maltrato psicológico y a veces incluso físico si la persona no puede controlar su ira. Nunca sabrías a qué atenerte con esa persona; la relación sería todo lo contrario a la seguridad y protección que estarías buscando. Puedes acabar en un estado de angustia constante, preguntándote qué va a pasar a continuación y cómo se comportará tu pareja ante lo que sea. Si reconoces estas conductas en tus relaciones (presentes o pasadas) y crees que has sufrido malos tratos por ello, comprende que no hay nada en ti que disguste o moleste al maltratador. Se habría comportado así con todo el mundo. Puede que acabes pensando que hay algo malo en ti. Pero no, a ti no te pasa nada. La enfermedad la tiene la otra persona. No creas que te corresponde a ti intentar cambiar su comportamiento. No hay nada que puedas hacer. Esa persona debe asumir su responsabilidad.

El abuso narcisista no solo puede darse en las relaciones románticas; también puede ocurrir con miembros de tu familia o con tus compañeros o jefes en el trabajo. Enfrentarse a este tipo de trastorno en esas situaciones también puede causar un gran trauma. Tener un jefe o colega que te considera inferior y espera que satisfagas alegremente todas sus exigencias puede ser, como mínimo, excepcionalmente agotador y desmoralizador. Si no cumples sus exigencias, es probable que se enfade contigo. Por otro lado, tener un familiar al que quieres y que no acepta ninguna crítica ni siente empatía por ti ni por tus sentimientos puede ser desgarrador. Es evidente que hay muchas posibilidades de que se produzcan daños psicológicos que podrían tardar años en arreglarse, sobre todo si esto ocurre cuando se es un niño pequeño.

La terapia somática puede ser de ayuda para tratar cualquier abuso narcisista. Es casi inevitable que este tipo de trauma se quede dentro de ti, y no te será sencillo hablar de ello. Por lo tanto, es poco probable que la terapia conversacional, aunque pueda ser útil, llegue al verdadero meollo del asunto, cosa que sí podrá hacer la terapia somática. Esta te ayudará a liberar el trauma que está atascado en lo más profundo de tu cuerpo. De este modo, podrás empezar a sanar. El trabajo con los límites que tratamos en un capítulo anterior también puede ser de gran ayuda si vuelves a encontrarte en ese tipo de situación, al igual que, por supuesto, todo el trabajo sobre el amor propio, la autocompasión y el autoperdón. Nada de esto fue culpa tuya, y es excepcionalmente importante que te des cuenta de ello y empieces a quererte de nuevo.

Otro gran método para ayudar a curarte del abuso es realizar un poco de EFT. Dar golpecitos en esos campos de energía vital y repetir afirmaciones positivas sobre lo que has vivido y cómo vas a curarte de ello puede hacer maravillas para el cuerpo y el alma. Aquí tienes un breve ejercicio:

Inhala profundamente y cierra los ojos. Haz que tu cuerpo sea consciente de los momentos de tu pasado en los que te encontraste con un comportamiento narcisista. Tal vez se trate de una situación que está ocurriendo en el presente. Observa en qué parte de tu cuerpo sientes el trauma. Inhala profundamente y abre los ojos.

- **1:** Empieza a darte golpecitos en el costado de la mano. Di: *"A pesar del daño y el dolor que me ha causado el narcisista, sigo queriéndome y aceptándome plenamente. Una persona en mi pasado o en mi presente me ha causado daño a través de su narcisismo, y no es fácil recuperarse de esa experiencia. Me resulta difícil seguir adelante y sentirme realmente libre del dolor. A pesar del daño y el sufrimiento que me ha causado el narcisista, sigo queriéndome, respetándome y aceptándome de todo corazón. Espero que el narcisista encuentre su propia paz y consiga curarse y liberarse de su comportamiento dañino".*

- **2:** Date golpecitos en la frente por encima de la ceja interior, en la sien, en el pómulo, en el labio superior, en la barbilla, en la zona del corazón, debajo de la axila en el lado de las costillas y en la parte superior de la cabeza. Continúa repitiendo ese ciclo mientras dices lo siguiente:

Esta es la herida, el dolor y el daño que me infligió el narcisismo. Todos los días tuve miedo, sin saber qué hacer ni cómo comportarme. Me curaré de todo esto. Puede que en el pasado tuviera miedo de permitirme sanar. Era más fácil no tener que lidiar con el dolor que sentía y creer que había algo malo en mí y no en el otro. Si me curo y me vuelvo a querer, entonces abro la posibilidad de que me vuelvan a hacer daño en el futuro, así que es más fácil no hacer nada. Amo y acepto esos pensamientos y sentimientos. Aunque ahora sé que no son ciertos, sentirme como me sentí fue algo natural. Ahora estoy preparado para curarme de esa experiencia.

Merezco tener calma y serenidad en mi vida. Merezco amar y ser amado. El comportamiento que me mostraron no tuvo nada que ver conmigo, aunque en aquel momento lo sentí así. Por eso fue tan difícil dejar ir la herida y el dolor, pero ahora sé que su comportamiento no era personal; todo se debió a los síntomas de su enfermedad y no tuvo nada que ver conmigo. Estoy listo para sanar. Estoy a salvo y seguro. Cuido de mí mismo. He aprendido a establecer y respetar límites. Fui menospreciado y tratado con inferioridad, pero me niego a ello. Esa persona no es mejor que yo.

Mi vida no será dictada por esta experiencia. Todo lo que la persona dijo fue solo su enfermedad hablando. No es la realidad. Yo sé la verdad. Soy una persona increíble que merece amor y respeto. Estoy preparado para curarme. Me curaré. Si alguien se amara y respetara de verdad a sí mismo, sería capaz de amarme y respetarme a mí. Para empezar, las personas que son crueles con los demás no suelen quererse ni respetarse a sí mismas. Lo reconozco y estoy superándolo. Me estoy curando de todo lo que esa persona me ha dicho y hecho. Me quiero de una manera que esa persona nunca me quiso. Pronto otras personas me amarán. Me amo y me respeto plenamente.

- **3:** Inspira profundamente y cierra los ojos. Espira y ábrelos. Con un poco de suerte, los lugares del cuerpo en los que sentías el trauma se habrán aliviado y habrás liberado parte de la tensión y dicho trauma. Repite la práctica si es necesario.

Recuerda que está bien y es perfectamente natural enfadarse por este tipo de abusos. Has sido maltratado por tu pareja, familia, amigos o compañeros de trabajo. No se debió a nada que tú hicieras. La otra persona estaba (o está) enferma. Sin embargo, el hecho de estar enfermo no es una excusa válida para hacer lo que te hizo. No tienes por qué justificar su comportamiento. Lo que hizo estuvo mal, así de simple. Si estás enfadado por ello, estás en tu derecho y no pasa nada. No intentes reprimir tus emociones ni mantenerlas contenidas en tu interior, porque no es sano. Está bien que te enfades con esa persona y con lo que te ha hecho.

## TRASTORNO LÍMITE DE LA PERSONALIDAD

El trastorno límite de la personalidad se manifiesta en una persona con estados de ánimo y comportamientos muy variados. A menudo, esto se traduce en decisiones y acciones muy impulsivas. Los pacientes con TLP pueden tener periodos de ira, depresión o ansiedad graves que pueden durar varios días.

Los síntomas de este trastorno también pueden incluir cambios de humor extremos y dificultad para identificarse consigo mismo y con su lugar en el mundo. Esto significa que los gustos y aversiones de los afectados pueden cambiar en un instante. Ellos tienden a ver todo en función de una de dos cosas: bueno o malo. Esto puede dificultar el vínculo con sus allegados, ya que un día pueden pensar que alguien es su mejor amigo y, al día siguiente, creer que es su peor enemigo. Evidentemente, esto puede llevar a relaciones poco saludables y volátiles con la pareja, los amigos, la familia y los compañeros de trabajo.

Quienes padecen esta enfermedad pueden tener problemas de abandono (sean reales o no) y tratar de llevar adelante las relaciones demasiado rápido o cortarlas por completo, para no ser los primeros en ser abandonados. Como se mencionó en el primer párrafo, el comportamiento impulsivo puede ser consecuencia de este trastorno. En consecuencia, la persona que lo padece puede ir de compras y gastar grandes sumas de dinero, conducir demasiado deprisa sin la debida precaución, mantener relaciones sexuales sin protección con muchas personas, consumir drogas o alcohol en exceso o incluso comer demasiado en poco tiempo. Por otro lado, no es raro que los afectados se autolesionen o piensen en el suicidio.

En ocasiones, las personas que desarrollan un trastorno límite de la personalidad sufrieron acontecimientos traumáticos durante su infancia, como abusos o abandono. Por lo tanto, al igual que la terapia somática puede curar esos problemas, también puede ayudar a curar a alguien con este trastorno. Si podemos curar el trauma dentro de la persona, eso a su vez debería empezar a curar la enfermedad mental. Además, se puede incluir la TCC, que ayudará a la persona a ser más consciente de sus patrones de pensamiento y de cómo cambiarlos. Así, es posible empezar a ver cómo la terapia somática puede ayudar a curar a aquellos con este desagradable diagnóstico.

## PAREJAS ABUSIVAS

Una relación abusiva puede incluir abuso físico, sexual, emocional o negligencia. Está claro que cualquiera que tenga que pasar por ese tipo de relación con una persona no va a salir indemne, por lo que la probabilidad de que se produzca un trauma es muy alta. Es posible que esto repercuta en el comportamiento futuro de la víctima y que provoque desencadenantes, de modo que cosas corrientes puedan hacer que se vuelva temerosa. Si sufres este tipo de abusos, tu maltratador puede incluso hacer que dudes de tus propios pensamientos y sentimientos. Quizás haya encontrado la manera de aislarte de tu familia y amigos, de modo que ya no tengas a nadie que te diga que el comportamiento de tu pareja está mal y que necesitas salir de la relación. Una vez que has pasado por todo eso, se hace realmente difícil volver a confiar en alguien que esté tan cerca de ti.

Para ayudarte a evitar involucrarte en esta clase de relaciones, hay ciertos tipos de personalidades y personas que debes evitar. Sin embargo, hacer esto no es fácil, pues parte del kit de herramientas del abusador es ser capaz de seducirte en esas primeras etapas de la relación, para luego revelar su verdadera naturaleza mucho más tarde.

Los tipos de personalidad más propensos a infligir abusos a una persona son el narcisista, del que ya hemos hablado, el sociópata y el psicópata. Algunos de los rasgos de carácter de los tres pueden solaparse.

Los sociópatas tienden a no ser capaces de sentir empatía por los demás y pueden tener un comportamiento impulsivo. Entre otras características típicas, puedes encontrar las siguientes: intento de control sobre los demás, (normalmente de forma agresiva), encanto y carisma, incapacidad para aprender de sus errores o aceptar cualquier castigo por su comportamiento, tendencia a mentir sin pensárselo dos veces, tentación de meterse en peleas, amenazas de hacerse daño sin intención de llevarlo a cabo, problemas para mantener un trabajo y endeudamiento.

Los psicópatas no son muy diferentes. Al igual que en el caso de un sociópata, la psicopatía no es un diagnóstico psiquiátrico real. A alguien que presenta estos rasgos se le puede diagnosticar un trastorno de personalidad antisocial (TPA). El aspecto antisocial no proviene de que la persona en cuestión sea poco sociable (al igual que un sociópata, es capaz de tener un gran encanto y carisma), sino de su tendencia a no preocuparse demasiado por las normas de la sociedad (Lindberg, 2019). Quienes tienen este diagnóstico, además de no preocuparse demasiado por la sociedad, tampoco se preocupan por la seguridad o el bienestar de los demás. Debido a esto, carecen de una brújula moral, mienten constantemente, pueden tener un comportamiento muy imprudente y peligroso y normalmente muestran mucha ira y agresividad.

La terapia somática puede ser de gran ayuda para cualquiera que esté atravesando o haya salido de una relación abusiva. Esta realmente puede atenuar esas cicatrices emocionales y ayudarte a sacar el trauma fuera de tu cuerpo de una manera segura y sin riesgos. Además, te ayudará a conocerte de nuevo, a comprender que la situación por la que pasaste (o estás pasando) no ha sido tu culpa y a volver a quererte y a perdonarte.

Hagamos un ejercicio rápido que te iniciará en el camino de la curación de una relación abusiva. Siéntate cómodamente y cierra los ojos. Sé consciente de lo que siente tu cuerpo cuando piensas en esta relación abusiva. Toma nota de ello. Practica la respiración profunda y, mientras lo haces, di lo siguiente: *"Acepto esta sensación. Me quiero. Me estoy curando. Tenía miedo, pero ahora estoy a salvo y seguro. Quiero curarme y sé que puedo hacerlo".* Sigue respirando y diciendo estas frases. Deberías empezar a sentir la curación de tu cuerpo con el tiempo.

# 11

# CÓMO SEGUIR A PARTIR DE AHORA: DESCUBRE SI TE ESTÁS CURANDO

Ahora que has llegado hasta aquí y practicas los ejercicios de terapia somática, ¿cómo sabes que están funcionando? De eso trata este capítulo, de saber cuándo te estás curando. A partir de ahora, podrás detectar las señales que te indicarán que se está produciendo la curación. Serás capaz de visualizar lo que has conseguido hasta ahora y lo que aún tienes por hacer y mejorar. Además, podrás gestionar tus expectativas en cuanto al tiempo que tardarás en curarte y recuperarte por completo. Lo principal que debes recordar por encima de todo es que, aunque en este momento te resulte difícil curarte y quererte a ti mismo, no estás solo. Yo he pasado por algunas de las experiencias de este libro, así que quiero que sepas que cuentas con mi apoyo, mi amor y mi respeto. Todo ello está plasmado en estas páginas, y espero que sea una fuente constante de consuelo para ti. Por otro lado, te aconsejo que busques el apoyo de otras personas que hayan pasado por lo mismo que tú.

## CÓMO SABER SI TE ESTÁS CURANDO

Hay que tener en cuenta que la curación no es algo que vaya a ocurrir tras dos minutos de práctica respiratoria. De hecho, es algo que tienes que adoptar como una parte importante de tu vida. Este tipo de curación no es como la de una pierna rota: la envuelves en yeso, la dejas en paz, se cura, y ya está. No, tienes que seguir practicando la terapia somática e integrarla realmente en tu vida para que su éxito sea completo.

Entonces, ¿cómo te das cuenta de que la terapia está funcionando? Ante todo, se manifestará a través de tu sistema nervioso, el cual debería estar mucho más regulado y en armonía a medida que avances en la terapia. Entre muchos signos que evidencian el éxito del tratamiento, puedes encontrar los siguientes: tu respuesta de "lucha o huida" parece más estable; tu ritmo cardíaco es normal; duermes bien; tu digestión es buena; tu sistema inmunológico es más fuerte; y tu presión arterial es normal. Por supuesto, no todas estas cosas van a cambiar de la noche a la mañana. Si tenías problemas específicos en alguna de esas áreas, con el tiempo, deberías empezar a ver pequeñas mejoras. Quizás hayas notado que duermes un poco mejor o que puedes ir al baño con más regularidad. Además, es posible que ahora seas capaz de poner límites, algo que antes te habría asustado mucho. Sea lo que sea, deberías observar esos ligeros cambios conforme avances en la práctica.

Otra forma de notar la diferencia es en tu capacidad de dejar entrar más cosas en tu vida. Cuando el trauma está atascado en tu cuerpo y produce todos esos efectos negativos, te das cuenta de que en realidad no haces mucho y prefieres mantener reducido el número de personas con las que te relacionas, ya que estás ansioso o estresado por diversas situaciones y/o individuos. Puede que algo te haya desencadenado una reacción y te hayas retirado. O quizás te enfades y no consigas calmarte. Cuando te estás curando, empiezas a notar que puedes abarcar más. Son menos las cosas que te ponen ansioso y te estresan, así que tienes más tiempo para vivir la vida. Mientras que antes te enfadabas y no podías calmarte, ahora simplemente dejas que las cosas sigan su curso. Es como quien oye llover: Simplemente sigues con tu vida.

Estas son las dos formas principales de controlar y notar si la curación está funcionando. Si estás leyendo esto después de haber realizado terapia somática durante un tiempo y estás notando algunas de esas mejoras, ¡bien hecho! Te estás curando, y espero que sigas haciéndolo. Si estás empezando el viaje, ahora puedes esperar notar este tipo de mejoras a lo largo del tiempo para que puedas vivir la vida al máximo y ser la mejor versión de ti mismo. ¡Estoy deseando que lo consigas!

## QUÉ BUSCAR EN UN TERAPEUTA SOMÁTICO

Aunque nos hemos centrado en los ejercicios que puedes hacer en casa, para tener realmente acceso a todo lo que implica la terapia somática, probablemente vas a querer encontrar un terapeuta somático. Es posible que quieras revisar las aptitudes del terapeuta, su experiencia y si tiene licencia. Si no la tiene, táchalo de tu lista.

Al trabajar con un terapeuta, es importante que te sientas cómodo con él/ella. Tienes que sentir que te entiende y que está de acuerdo con los problemas que quieres resolver. Una forma de averiguarlo es preguntarle si puede ayudarte. Su respuesta te dará una idea de si te sentirás cómodo o no. Siempre puedes hacer preguntas complementarias. Espero que este libro te haya dado la confianza y los conocimientos necesarios para hacer esas preguntas. Probablemente querrás preguntarle cuál es su plan de acción, es decir, cuál es exactamente el tratamiento que te va a recomendar. Esto te ayudará a hacerte una buena idea de si se trata de alguien en quien puedes confiar. ¿Te ha comprendido y, basándose en tu trauma, es capaz de aplicar un plan aproximado para ti? Del mismo modo, ¿es capaz de admitir que las cosas pueden cambiar sobre la marcha? Según avancen las sesiones, puede que el terapeuta tenga que adaptar su plan. Es bueno saber si es lo suficientemente humilde como para admitir esa posibilidad. Del mismo modo, no confíes en alguien que te diga que seguir su plan te curará definitivamente en un tiempo determinado. Aunque el terapeuta pueda tener una buena idea respecto al desarrollo de la terapia, nadie puede saber realmente cómo saldrán las cosas hasta que empieces a hacer el trabajo. Los terapeutas que hacen promesas definitivas probablemente no son de fiar. Basándonos en todo esto, quizás no quieras acudir a un terapeuta que te haga comprometerte a seguir un plan de terapia a largo plazo por una gran cantidad de dinero, ya que todo plan de este tipo podría cambiar. Es por esto que es importante que el terapeuta sea lo más adaptable y flexible posible.

Además, no se trata solo de sentirse cómodo. Es importante saber si realmente te gusta la persona. Puedes imaginártela como alguien en cuya compañía te gusta estar. En cierto sentido, una cosa lleva a la otra, ya que es poco probable que te sientas cómodo en presencia de alguien que no te agrada.

No obstante, la cuestión no se reduce a sentirse cómodo, sobre todo porque, tras haber sufrido un trauma, es posible que no te sientas cómodo contigo mismo, y mucho menos con otra persona. Empieza ya a utilizar ese sentido somático y comprueba si el terapeuta te cae bien como persona o no.

En cuanto a las cualificaciones, como mínimo, querrás un terapeuta que haya recibido formación en experimentación somática. Además, lo ideal sería que estuviera titulado en un campo ligeramente distinto al de la experiencia somática, para que no se centre únicamente en una forma de hacer las cosas. Siempre es agradable ver a alguien que también progresa y ha seguido aprendiendo y creciendo como terapeuta. Asimismo, una de las cualidades más importantes para buscar en tu terapeuta es que haya trabajado consigo mismo y que haya utilizado su propia terapia somática para curarse. Esto sugiere que comprende un poco más por lo que has pasado y que lo que sea que haya hecho ha funcionado. En definitiva, debería ser capaz de comprenderte y sentir empatía por ti.

Recuerda que, mientras no hayas firmado un contrato dudoso que establezca que no puedes marcharte nunca, estarás bien. Si, al cabo de un tiempo, crees que la terapia no te funciona, nada te impide dejarla. Nunca estarás obligado a seguir haciendo algo que no te aporta nada. Siempre puedes buscar otros terapeutas y otras terapias.

## CÓMO HALLARLE SENTIDO A LA VIDA DESPUÉS DE UN TRAUMA

Aunque ya estés sanando o hayas empezado a sanar, no debemos olvidar que pasar por una experiencia traumática puede ser difícil. Sabes que quieres seguir adelante, pero no sabes hacia dónde. A continuación, encontrarás algunos consejos que te ayudarán a encontrarte a ti mismo y a dar sentido a las cosas después de un trauma.

Una recomendación es intentar llevar una vida gratificante. Sé que es más fácil decirlo que hacerlo, pero, después de todo lo que has pasado, probablemente sientas que hay un gran agujero en tu vida. ¿Con qué quieres llenarlo? Piensa qué es lo que quieres que te haga levantar por las mañanas y aprovechar el día.

Si hay cosas que te impiden llevar una vida plena, es hora de admitir que existen, no como algo malo o como algo de lo que sentirse culpable, sino de forma pragmática y con aceptación. Mi trauma me llevó a ser, digamos, "distante" en las relaciones. Ahora que acepto que esto es así, tengo la oportunidad de cambiarlo poco a poco. Puede ser doloroso y difícil, pero aceptar que puede haber cosas que nos impidan avanzar, lejos de ser algo negativo, nos permite aprovechar la ocasión para intentar mejorar y convertir eso en una oportunidad.

Algo importante que debes recordar es que, al haber superado esto y seguir aquí, eres una persona excepcionalmente resiliente. Eso significa que probablemente puedas superar cualquier cosa. Eres una persona fuerte, aunque a veces no lo parezca, y esa es una lección importante que has aprendido. Gracias a la terapia somática, crecerás todavía más como persona. Aunque lo que te pasó fue terrible, y preferirías que nunca hubiera pasado, a la larga te habrá hecho más fuerte. Con esto quiero decir que necesitamos encontrarle un sentido a la vida. Sin ese sentido, solemos ir a la deriva sin saber hacia dónde nos dirigimos. Es importante hacer cosas y ver a personas que le den sentido a tu vida. Si logras hacerlo, podrás llenar el agujero que te ha dejado el trauma.

## TU RITUAL SOMÁTICO DIARIO PARA UNA CURACIÓN PLENA

A lo largo de los capítulos, he intentado darte algunos ejemplos y ejercicios para que trabajes y veas qué impacto tienen. Sin embargo, lo ideal es reunir gran parte de todo eso en un ritual diario para obtener una experiencia curativa reforzada. He incluido aspectos de varios capítulos de este libro. En total, el ritual te llevará unos 30 minutos, así que podrás incluirlo en tu día a día. Creo que este ritual funciona especialmente bien por la mañana, ya que contiene elementos que liberan tensiones, te relajan y te preparan para afrontar el día que tienes por delante.

Una vez que le hayas tomado el truco, puedes elaborar fácilmente tu propio ritual con los conocimientos y la experiencia que hayas acumulado. Incluso puedes colgarlo en la pared o en la heladera para que te sirva de recordatorio constante y de inspiración para llevarlo a cabo todos los días.

**1: Trabajo de respiración (Cinco minutos):**

- Busca un lugar cómodo para sentarte. No es necesario que te sientes completamente recto, pero la espalda debe estar apoyada.
- Cierra los ojos.
- Respira profundamente tres veces, inhalando por la nariz y exhalando por la boca.
- Pon una mano en el vientre y otra en el pecho. Respira profundamente 10 veces. Debes sentir que

el aire empieza en el vientre y va subiendo hacia el pecho.

- Respira profundamente 10 veces, inhalando y exhalando por la nariz.
- Respira profundamente 10 veces, inhalando por la nariz y exhalando por la boca.
- Respira profundamente 10 veces, inhalando y exhalando por la boca.
- Inhala profundamente por última vez. Mantén la respiración siete segundos. Exhala y relájate.
- Relájate durante 30 segundos, respirando normalmente.
- Abre los ojos.

## 2: Ejercicio de mindfulness (Cinco minutos):

- Asegúrate de estar en una posición cómoda.
- Cierra los ojos.
- Toma conciencia de tu cuerpo y fíjate si hay alguna zona específica que sientas relajada. Concéntrate en esa parte de tu cuerpo que te haga sentir bien y relajado. Céntrate en ese lugar y en esa sensación.
- Piensa en la palabra que mejor describa esa sensación.
- Observa cualquier cambio en tu respiración al concentrarte en las zonas de tu cuerpo que se sientan relajadas y agradables.
- Para terminar el ejercicio, empieza a tomar nota lentamente de los sonidos y olores que te rodean.
- Cuando estés preparado, abre los ojos.

### 3: Golpecitos con EFT (Cinco minutos):

- El ciclo incluirá golpecitos en el lateral de la mano durante un minuto, seguidos de un ciclo continuo en la parte superior de la cabeza, la parte interna de la frente por encima de la ceja derecha, la sien, el pómulo, el labio superior, la barbilla, la zona del corazón y debajo de la axila, en el lado de las costillas.
- Di lo siguiente mientras lo realizas: *"Me amo y me acepto de todo corazón. Estoy preparado para sanar. En el pasado me resultó difícil aceptar la verdad; no podía aceptar que no había hecho nada malo y que era una buena persona. Ahora sé que es verdad. No puedo olvidar mi pasado, pero puedo superarlo. Me acepto tal como soy. Soy un ser humano hermoso y cariñoso. Merezco que me quieran. Me respeto y me acepto. Estoy preparado para sanar y sanaré".*
- Tómate tu tiempo para hacer la técnica de EFT con golpecitos. No hay que precipitarse de una fase a otra. Tómate tu tiempo para decir las afirmaciones. Puedes optar por no decirlas si crees que no se aplican o añadir cualquier cosa que consideres más apropiada.

### 4: Qigong (Cinco minutos):

- Ponte de pie. Relájate y colócate con los pies ligeramente separados.
- Inspira y levanta las manos.

- Espira y baja las manos al centro del cuerpo. Coloca las manos una frente a la otra con las palmas hacia abajo, como si estuvieras empujando algo con el aire por debajo de estas.

- Frótate las manos (como si quisieras encender un fuego con ellas) hasta que empiecen a estar calientes.

- Cuando estén calientes, cierra los ojos y coloca las palmas sobre los párpados. Mantenlas así durante unos 30 segundos.

- Retira las manos de los párpados y frótalas por toda la cara. Hazlo de 10 a 30 veces.

- Ahora, pásate los dedos por el pelo. Esto depende de la cantidad de pelo que tengas. Puede que solo sea una pasada corta o puede que te tome un tiempo. Hazlo de 10 a 30 veces, dependiendo del tiempo que tengas.

- Frótate las orejas como si les estuvieras dando un masaje. Si te apetece, también puedes tirar de ellas.

- Pon las manos suavemente sobre el cuello y presiona los músculos. Procura no hacerte daño. La suavidad es la clave.

- Busca la parte de la columna que sobresale justo por debajo de los hombros. Golpéala suavemente con una mano y luego con la otra. Hazlo durante cinco segundos con cada mano.

- Si después sigues sintiendo tensión, sacude rápidamente todo el cuerpo. Como has estado usando mucho los brazos, sacude especialmente la tensión de las manos, los brazos y los hombros.

- Termina inspirando y levantando los brazos y espirando y bajándolos.

## 5: Ejercicio de yoga somático (Diez minutos):

- Empieza con una postura de flexión hacia delante.
- Colócate lentamente en la postura del gato y la vaca de pie con las rodillas flexionadas, llevando las manos a las rodillas y levantando suavemente la espalda y la cabeza.
- Vuelve a la postura de flexión hacia delante y repite, pasando a la postura del gato y la vaca de pie y volviendo a la postura de flexión hacia delante un par de veces.
- Ponte de pie agachado, pero apoya los codos en la parte superior de los muslos y desplázalos suave y lentamente hacia abajo hasta llegar a las rodillas. Hazlo tres o cuatro veces.
- Haz la postura del gato y la vaca de pie con las rodillas dobladas. Pasa de la postura de la vaca a la del gato. Hazlo cinco veces.
- De pie, con las piernas separadas, mueve los brazos de un lado a otro, un brazo cada vez. Empieza despacio y acelera el movimiento. Hazlo cinco veces.
- Haz la postura del gato y la vaca de pie sobre las manos y las rodillas. Hazlo cinco veces.
- Haz la postura del niño. Mantenla unos instantes.
- Colócate boca arriba con los brazos estirados hacia atrás. Mueve la pierna de un lado a otro. Haz lo mismo con la otra pierna. Repite cinco veces.

- Quédate boca arriba y junta las plantas de los pies con las rodillas dobladas. Mantén esta postura unos instantes.
- Levántate para sentarte con las piernas cruzadas y los brazos apoyados en estas. Mantén esta postura unos segundos.

# EPÍLOGO

¡Enhorabuena! Te deseo todas las fuerzas en tu aventura somática. Has llegado hasta el final. Eso en sí mismo es algo de lo que debes estar orgulloso. Puedes felicitarte por haber dado ese primer paso al sentir curiosidad por la terapia somática y leer sobre ella. Estoy seguro de que la combinación de tu curiosidad con los consejos y prácticas de este libro, te encaminará hacia la curación del trauma que has sufrido en el pasado. El mero hecho de leer este libro demuestra tu valentía al querer curarte del trauma, y necesitarás esa valentía a medida que continúes tu viaje.

El trauma es un acontecimiento que nos afecta a todos. Durante mucho tiempo, la gente creyó que era algo que solo ocurría en el cerebro. Ahora sabemos que ocurre en el cerebro, en el cuerpo y en el espíritu. Una de las únicas formas de llegar a esas tres dimensiones y sanar de verdad, es a partir de la terapia somática. No estoy diciendo que la "terapia conversacional" tradicional no sea útil porque, por supuesto, puede serlo. Aun así, la terapia conversacional por sí sola no siempre llegará a la raíz del trauma en el cuerpo y, a veces, incluso puede resultar perjudicial para la persona traumatizada, ya que se le pedirá que saque a relucir sus experiencias traumáticas. Además, la terapia conversacional no trabaja la titulación lo suficiente. Por el contrario, trabajar con terapia somática te ayuda a liberar ese trauma poco a poco, no solo hablando y utilizando la mente, sino entrando en contacto con lo que siente y percibe tu cuerpo y siendo consciente de ello.

El problema del trauma es que también acaba causando otros inconvenientes como dolor crónico, depresión, ansiedad, adicción, problemas digestivos y falta de sueño. Sin embargo, recuerda que todas estas cosas pueden abordarse y trabajarse con la terapia somática. Una de las cosas más maravillosas de la terapia somática es que ofrece tantos elementos que no hay que limitarse a un método u otro, sino que se puede emplear una gran variedad de técnicas y ejercicios. A través del ensayo y error, deberías poder encontrar algo que te resulte útil y efectivo.

A través de los conceptos que nos enseña la terapia somática, comprendemos mejor nuestro cuerpo, cómo funciona y cómo podemos hacer que trabaje para nosotros. El grounding es un ejercicio estupendo para asentarse y tomar conciencia del cuerpo y de lo que siente. Si en algún momento tu mente se descontrola o sientes un poco de pánico o ansiedad, una de las mejores cosas que puedes hacer es sentarte unos minutos con los pies bien apoyados en el suelo y practicar algunas técnicas de grounding. Casi siempre me siento más tranquilo y en paz después de haber hecho esto y haberme puesto en contacto con mi cuerpo y haberlo escuchado. Es como si mi cuerpo me agradeciera por haberlo hecho.

Establecer y mantener límites puede ser un ejercicio esencial para muchos, sobre todo para quienes se encuentran atrapados en la vida de otros o para quienes han tenido relaciones abusivas. Hacer esto también ayuda a concentrarse en el aquí y ahora, que es donde todos queremos vivir.

Como mencioné en el último capítulo, la terapia somática ayuda a autorregular el sistema nervioso y, a largo plazo, puede tener un impacto muy importante. Cuando tus emociones se autorregulan, no te enfadas sin motivo aparente, aunque eso no quiere decir que no te vayas a poner de mal humor de vez en cuando; a todos nos pasa, pero los motivos de ello no tienen relación con el trauma atrapado en el cuerpo, sino con la vida misma. Al autorregularte, tu respuesta de lucha o huida se vuelve más estable, por lo que no todo te provocará un estado de pánico y ansiedad. Con el tiempo, tu proceso de toma de decisiones se ajustará gradualmente a un funcionamiento más efectivo. La digestión, el sueño y muchas otras cosas se normalizan. Todo lo anteriormente mencionado conduce a la recuperación, a la curación y a tener el tipo de vida que deseas tener. La autorregulación es una parte vital y un objetivo de la terapia somática.

El uso del movimiento también puede considerarse una pieza clave de la experiencia somática. No tiene por qué ser danza (aunque es válida en la arteterapia) ni nada demasiado enérgico. Simplemente bastan unas cuantas posturas de yoga, algunas sacudidas de Qigong o tensar y relajar los músculos. Estos movimientos pueden ser tan enérgicos o tan serenos como quieras; estos son una parte más del proceso de conocer tu cuerpo, de ser consciente de él y de escuchar lo que te dice. Además, todos estos movimientos abordan el hecho de que el trauma está en tu cuerpo, no solo en tu mente.

No me cabe duda de que has tomado la decisión correcta. La terapia somática es una de las mejores maneras de curarte de tu trauma. Estoy orgulloso de que hayas dado este paso tan importante. ¡Ojalá pudiera estar a tu lado mientras recorres tu camino somático! Aun así, espero que sientas que te acompaño, animándote a través de este libro. Puedes transformar tu vida y hacerla mucho menos dolorosa de lo que se siente actualmente. Puedes empezar a mirar la vida con ilusión. Puedes empezar a tener ganas de levantarte por las mañanas en lugar de despertarte con esa horrible sensación de miedo en la boca del estómago. De hecho, estarás impaciente por ver lo que te depara el día.

El trauma ya no te controla y has tomado las riendas de tu vida. Esta es una afirmación muy poderosa que se hará realidad. Tienes el resto de tu vida por vivir; ve y disfrútala.

Resulta sencillo incorporar gran parte de esto a tu rutina diaria. Incluso el ritual que te propongo solo te llevará 30 minutos al día. Puedes hacerlo tanto al levantarte o justo antes de irte a la cama. Es tan fácil que puedes estar seguro de que lo harás. Todo lo que necesitas es un espacio tranquilo en tu casa (a veces es más fácil decirlo que hacerlo, lo sé), y ya está.

Este es tu cuerpo. Esta es tu vida. Ve y saca lo mejor de ti. Te deseo mucha suerte y, tal y como te anima a hacer este libro, cuídate.

# TU OPINIÓN ES MUY VALIOSA

Nos gustaría atrevernos a pedirte un acto de amabilidad. Si has leído y disfrutado de nuestro(s) libro(s), ¿considerarías dejar una reseña sincera en Amazon o Audible? Como grupo editorial independiente, tus comentarios significan mucho para nosotros. Leemos todas y cada una de las reseñas que recibimos y nos encantaría conocer tus opiniones, ya que cada una de ellas nos ayuda a ofrecer un mejor servicio. Tus comentarios también pueden tener un impacto en otras personas de todo el mundo, ayudándoles a descubrir conocimientos poderosos que pueden poner en práctica en sus vidas para brindarles esperanza y empoderamiento. Te deseo poder, valor y sabiduría en tu viaje.

Si has leído o escuchado alguno de nuestros libros y tienes la amabilidad de reseñarlos, puedes hacerlo haciendo clic en la pestaña "más información" situada bajo la imagen del libro en nuestro sitio web:

**https://ascendingvibrations.net/books**

¿Por qué no te unes a nuestra comunidad de Facebook y comentas acerca de tu camino espiritual con otros viajeros afines?

¡Nos encantaría saber de ti!

Haz clic aquí para unirte a nuestra comunidad 'Ascending Vibrations':

*__bit.ly/ascendingvibrations__*

# REFERENCIAS

All images are courtesy of Pixabay.

Barnes, S., Brown, K., Krusemark, E., Campbell, W & Rogge, R. (2007, October 11). *The Role of Mindfulness in Romantic Relationship Satisfaction and Responses to Relationship Stress.* Journal of Family and Marital Therapy. https://doi.org/10.1111/j.1752-0606.2007.00033.x

Baxter, S. (2019, October 20). *Vagus Nerve Reset to Release Trauma Stored in the Body (Polyvagal Exercises).* Vagus Nerve Reset To Release Trauma Stored In The Body (Polyvagal Exercises) - YouTube

Baxter, S. (2020, November 9). *Vagus Nerve Exercises to Rewire Your Brain from Anxiety.* Vagus Nerve Exercises To Rewire Your Brain From Anxiety - YouTube

Bell, A. (2017, July 21). *Somatic Psychotherapy.* Good Therapy. Somatic Psychotherapy (goodtherapy.org)

Bell, A. (2018, June 19). *Somatic Mindfulness: What Is My Body Telling Me? (And Should I Listen?).* Good Therapy. https://www.goodtherapy.org/blog/somatic-mindfulness-what-is-my-body-telling-me-and-should-i-listen-0619185

Brom, D., Stokar, Y., Lawi, C., Nuriel-Porat, V., Ziv, Y., Lerner, K. & Ross, G. (2017, June 6). *Somatic Experiencing for Posttraumatic Stress Disorder: A Randomized Controlled Outcome Study*. Wiley Online Library. https://dx.doi.org/10.1002%2Fjts.22189

Butler, A., Chapman, J., Forman, E & Beck, A. (2006, January). *The Empirical Status of Cognitive-Behavioral Therapy: A Review of Meta-Analyses*. Clinical Psychology Review. https://psycnet.apa.org/doi/10.1016/j.cpr.2005.07.003

Carbonelli, D. & Parteleno-Barehmi, C. (2016, May 11). *Psychodrama Groups for Girls Coping With Trauma*. Taylor & Francis Online. https://doi.org/10.1080/00207284.1999.11732607

Chambers, R., Chuen Yee Lo, B. & Allen, N. (2007, February 23). *The Impact of Intensive Mindfulness and Training on Attention Control, Cognitive Style, and Affect*. Springer Link. http://dx.doi.org/10.1007/s10608-007-9119-0

Chen, Y., Hung, K., Tsai, J., Chu, H., Chung, M., Chen, S., Liao, Y., Ou, K., Chang, Y. & Chou, K. (2014, August 7). *Efficacy of Eye-Movement Desensitization and Reprocessing for Patients with Posttraumatic-Stress Disorder: A Meta-Analysis of Randomized Controlled Trials*. PLOS ONE. https://dx.doi.org/10.1371%2Fjournal.pone.0103676

Cino, R. (2017, November 24). *How to Decrease Anxiety Using Somatic Experiencing*. myTherapyNYC. https://mytherapynyc.com/how-to-decrease-anxiety-using-somatic-experiencing/#comments

Clarke, J. (2021, July 31). *What Is Gestalt Therapy?* Verywell Mind. https://www.verywellmind.com/what-is-gestalt-therapy-4584583

ConciousnessNOWTV. (2020, September 19). *How to use*

*Pendulation to Decrease Stress and Increase Well-Being.* How to use Pendulation to Decrease Stress and Increase Well-Being - YouTube

*Counselling and Meditation Exercises.* (n.d.) Sligo Gestalt Counselling. https://sligogestaltcounselling.ie/try-these-counselling-exercises.html

Cutler, N. (n.d.) *Learning How to Unlock Tissue Memory.* Integrated Physical Therapy and Wellness. https://www.ipt-miami.com/news/Learning_How_to_Unlock_Tissue_Memory

*Depressive Disorders.* (n.d.) Psychology Today. https://www.psychologytoday.com/us/conditions/depressive-disorders

*Diaphragmatic Breathing Exercises.* (n.d.). Physiopedia. https://www.physio-pedia.com/Diaphragmatic_Breathing_Exercises

*Diaphragmatic Breathing: Everything You Need to Know.* (n.d.). Evolve Chiropractic. https://myevolvechiropractor.-com/diaphragmatic-breathing/

Eckelkamp, S. (2019, October 9). *Can Trauma Really be 'Stored' in the Body?* mbg Health. https://www.mindbodygreen.-com/articles/can-trauma-be-stored-in-body

*Energy Psychology (2017, October 26).* Good Psychology. https://www.goodtherapy.org/learn-about-therapy/types/energy-psychology

Erdelyi, K. (2019, October 28). *What is Somatic Therapy?* Psycom. https://www.psycom.net/what-is-somatic-therapy/

Essential Somatics. (2019, February 1). *The Best Psoas Release.* (2) The Best Psoas Release - YouTube

Fallis, J. (2021, March 24). *How to Stimulate Your Vagus Nerve for Better Mental Health.* Optimal Living Dynamics. https://www.optimallivingdynamics.com/blog/how-to-stimulate-your-vagus-nerve-for-better-mental-health-brainvns-ways-treatment-activate-natural-foods-depression-anxiety-stress-heart-rate-variability-yoga-massage-vagal-tone-dysfunction

Feinstein, D. (2012, December 1). *Acupoint Stimulation in Treating Psychological Disorders: Evidence of Efficacy*. Sage Journals. https://doi.org/10.1037%2Fa0028602

Field, T. & Diego, M. (2008, March 4). *Vagal Activity, Early Growth and Emotional Development*. PubMed Central. https://dx.doi.org/10.1016%2Fj.infbeh.2007.12.008

*Forgiveness: Your Health Depends On It*. (n.d.) John Hopkins Medicine. https://www.hopkinsmedicine.org/health/wellness-and-prevention/forgiveness-your-health-depends-on-it

Friedman, L. (2019, November 15). *Using Somatic Experiencing to Cope with Anger*. Trauma & Beyond. Using Somatic Experiencing to Cope with Anger | Trauma Therapy (traumaandbeyondcenter.com)

Gaba, S. (2020, August 22). *Understanding Fight, Flight, Freeze and the Fawn Response*. Psychology Today. https://www.psychologytoday.com/gb/blog/addiction-and-recovery/202008/understanding-fight-flight-freeze-and-the-fawn-response

Giacomucci, S. & Marquit, J. (2020, May 19). *The Effectiveness of Trauma-Focused Psychodrama in the Treatment of PTSD in Inpatient Substance Abuse Treatment*. Frontiers in Psychology. https://doi.org/10.3389/fpsyg.2020.00896

Goodlet, N. (2020, November 30). *Vagus Nerve Stimulation Breathing Meditation Practice*. https://www.youtube.com/watch?v=kiQMaJJWcyQ

Hadley, H. (2017, July 19). *The Benefits of Somatic Breathing*. Total Somatics. https://totalsomatics.com/the-benefits-of-somatic-breathing/

Heidari, S., Shahbakhsh, B. & Jangjoo, M. (2017). *The*

*Effectiveness of Gestalt Therapy on Depressed Women in Comparison with Drug Therapy.* Journal of Applied Psychology and Behavioral Science. https://japbs.com/fulltext/paper-02012017134122.pdf

Hoffman, S., Sawyer, A., Witt. A & Oh, D. (2010, April 1). *The Effect of Mindfulness-Based Therapy on Anxiety and Depression: A Meta-Analytic Review.* PMC. https://www.ncbi.nlm.nih.gov/pmc/articles/PMC2848393/

Holmes, J. & McGauran, J. (Executive Producers). (1988–present). *Home and Away* [TV series]. Seven Studios; Seven Network Operations Limited; Red Heart Entertainment; Keeper Media.

Hopper, S., Murray, S., Ferrara, L. & Singleton, J. (2019, September). *Effectiveness of Diaphragmatic Breathing for Reducing Physiological and Psychological Stress in Adults: A Quantitative Systematic Review.* JBI Evidence Synthesis. https://doi.org/10.11124/jbisrir-2017-003848

IABET - Consciousness Through Art. (2020, April 2). *Art Therapy Exercise - Exploring Emotional Needs.* Art Therapy Exercise - Exploring Emotional Needs - YouTube

Jackson, K. (2019, February 4). *Pandiculations 101 with Think Somatics. (2)* Pandiculations 101 with Think Somatics - YouTube

Jackson, T. (2017, August 24). *Grounding: What to Do When You Feel Unstable.* Toni Jackson Counselling. https://tonijackson-counselling.com/2017/08/24/grounding-what-to-do-when-you-feel-unstable/

Jahnke, R., Larkey, L., Rogers, C., Etnier, J. & Lin, F. (2010, July 1). *A Comprehensive Review of Health Benefits of Qigong and Tai Chi.* Sage Journals.

Janet, S. & Gowri, P. (2017). *Effectiveness of Deep Breathing*

*Exercise on Blood Pressure Among Patients with Hypertension.* International Journal of Pharma and Bio Science. http://dx.doi.org/10.22376/ijpbs.2017.8.1.b256-260

Jerath, R., Beveridge, C. & Barnes, V. (2019, January 29). *Self-Regulation Breathing of Breathing as an Adjunctive Treatment of Insomnia.* Frontiers. https://doi.org/10.3389/fpsyt.2018.00780

Johnson, J. (2020. May 27). *What to Know About Diaphragmatic Breathing.* Medical News Today. What is diaphragmatic breathing? Benefits and how-to (medicalnewstoday.com)

Jordan, S. (2016, February 7). *An Introduction to Focusing.* British Focusing Association. https://www.focusing.org.uk/an-introduction-to-focusing

Kelloway, R. (2019, March 29). *5 Somatic Experiencing Exercises to Keep Grounded During Coronavirus Uncertainty.* Life Care Wellness. https://life-care-wellness.com/somatic-experiencing-exercises-to-keep-you-grounded/

KoK, B., Coffey, K. & Cohn, M. (2013, May 6). *How Positive Emotions Build Physical Health: Perceived Positive Social Connections Account for the Upward Spiral Between Positive Emotions and Vagal Tone.* Sage Journals. https://doi.org/10.1177%2F0956797612470827

Langmuir, J., Kirsch, S. & Classen, C. (2012). *A Pilot Study of Body-Orientated Group Psychotherapy for the Group Treatment of Trauma.* APA PsycNet. https://psycnet.apa.org/doi/10.1037/a0025588

Leung, G & Khor, S. (2017, April 25). *Gestalt Intervention Groups for Anxious Parents in Hong Kong: A Quasi-Experimental Design.* Taylor & Francis Online. https://doi.org/10.1080/23761407.2017.1311814

Lindberg, S. (2019, January 9). *Psychopath.* Healthline. https://www.healthline.com/health/psychopath

Lynch, D., Laws, K & McKenna, P. (2009, May 29). *Cognitive Behavioral Therapy for Major Psychiatric Disorder: Does It Really Work? A Meta-Analytical Review of Well-Controlled Trials.* Cambridge University Press. https://doi.org/10.1017/s003329170900590x

Lyon, B. (2017, August 1). *Shame and Trauma.* Center for Healing Shame. https://healingshame.com/articles/2017/8/21/shame-and-trauma

Ma, X., Yue, Z., Gong, Z., Zhang, H., Duan, N., Shi, Y., Wei. G. & Li, Y. (2017, June 6). *The Effect of Diaphragmatic Breathing on Attention, Negative Affect and Stress in Healthy Adults.* PubMed Central. https://dx.doi.org/10.3389%2Ffpsyg.2017.00874

MacCarthy, M. (2019, December 17). *Somatic Low Back & Psoas Release.* (2) Somatic Low Back & Psoas Release - YouTube

Mertz, C. (2013). *The Effectiveness of Psychodrama for Adolescents who have Experienced Trauma.* Smith ScholarWorks. https://scholarworks.smith.edu/cgi/viewcontent.cgi?article=2024&context=theses

Meyer, A. (2020, June 20). *Subconscious Mind & Inner Child Explained: The Key to Wellbeing.* Medium. https://medium.com/invisible-illness/the-subconscious-mind-inner-child-explained-511b1ef93c7f

Miller, B., Littlefield, W., Morano, R., Wilson, D., Sears, F., Chaiken, I., Moss, E., Barker, M., Tuchman, E., Chang, Y., Hockin, S., Weber, J., Siracusa, F., & Fortenberry, D. (Executive Producers). (2017–present). *The Handmaid's Tale* [TV series]. Daniel Wilson Productions Inc.; The Littlefield Company; White Oak Pictures; MGM Studios.

Millman, R. (2019, March 24). *Healing the Inner Child | Tapping with Renee.* Healing The Inner Child | Tapping with Renee - YouTube

Millman, R. (2020, February 16). *Tapping to Heal the Inner Child and Letting Go of Shame | Tapping with Renee.* Tapping To Heal The Inner Child and Letting Go Of Shame | Tapping With Renee - YouTube

Moore, A. & Malinowski, P. (2009, March 18). *Meditation, Mindfulness and Cognitive Flexibility.* PubMed. https://pubmed.ncbi.nlm.nih.gov/19181542/

Morrisey, S. & Marr, J. (1984). Still Ill (Song) on *The Smiths.* Rough Trade.

Ortner, C., Kilner, S. & Zelazo, P. (2007, November 20). *Mindfulness Meditation and Reduced Emotional Interference on a Cognitive Task.* Springer Link. https://link.springer.com/article/10.1007/s11031-007-9076-7

Osadchey, S. (2028, August 8). *Somatic Experiencing (SE).* Good Therapy. https://www.goodtherapy.org/learn-about-therapy/types/somatic-experiencing

*Pandiculation - The Safe Alternative to Stretching.* (2010, September 30). Essential Somatics. https://essentialsomatics.com/clinical-somatics-articles-case-studies/pandiculation-safe-alternative-stretching

*Psychodrama.* (2016, May 16). Good Therapy. https://www.goodtherapy.org/learn-about-therapy/types/psychodrama

Richmond, C. (2018, November 29). *Emotional Trauma and the Mind-Body Connection.* WebMD. https://www.webmd.com/mental-health/features/emotional-trauma-mind-body-connection

Saadati, H. & Lashani, L. (2013, July 9). *Effectiveness of Gestalt Therapy on Self-Efficacy of Divorced Women.* Science Direct. https://doi.org/10.1016/j.sbspro.2013.06.721

*Sensorimotor Psychotherapy.* (2015, August 24). Good Therapy. Sensorimotor Psychotherapy (goodtherapy.org)

Shapiro, F. (2014). *The Role of Eye Movement Desensitization and Reprocessing (EMDR) Therapy in Medicine: Addressing the Psychological and Physical Symptoms Stemming from Adverse Life Experience.* The Permanente Journal. https://dx.doi.org/10.7812%2FTPP%2F13-098

Shella. T. (2017, May 26). *Art Therapy Improves Mood, and Reduces Pain and Anxiety When Offered at Bedside During Acute Hospital Treatment.* Science Direct. https://www.sciencedirect.com/science/article/abs/pii/S0197455617301053

Somatic Experiencing International. (2019, August 15). *What is Pendulation in Somatic Experiencing with Peter A Levine, PhD.* https://www.youtube.com/watch?v=LiXOMLoDm68&t=1s

Tomasulo, D. (2021, June 18). *Do You Need a Mama Psychodrama?* LinkedIn. https://www.linkedin.com/pulse/do-you-need-mama-psychodrama-dan-tomasulo

Transformations Treatment Center. (2018, October 1). *EMDR: Self-Soothing at Home. (2) EMDR: Self-soothing at home - YouTube*

Tune Up Fitness (2020, March 10). *Hum to Activate the Vagus Nerve.* Hum to Activate the Vagus Nerve - YouTube

Tune Up Fitness. (2020, March 10). *Vagus Nerve: Breathing for Relaxation.* Vagus Nerve: Breathing for Relaxation - YouTube

Valiente-Gomez, A., Moreno-Alcazar, A., Treen, D., Cedron, C., Colom, F., Perez, V. & Amann, B. (2017, September 26). *EMDR Beyond PTSD: A Systematic Literature Review.* Frontiers in Psychology. https://doi.org/10.3389/fpsyg.2017.01668

Van Korff, M., Crane, P., Lane, M., Miglioretti, D., Simon, G., Saunders, K., Stang, P., Brandenburg, N. & Kessler, R. (2005, February). *Chronic Spinal Pain and Physical-Mental Comorobidiy in the United States: Results From the National Comorbidity Survey Replication.* PAIN 10.1016/j.pain.2004.11.010

Virant, K. (2019, May 12). *Chronic Illness and Trauma Disorders.* Psychology Today. https://www.psychologytoday.com/gb/blog/chronically-me/201905/chronic-illness-and-trauma-disorders

Wagner, D. (2016, June 27). *Polyvagal Theory in Practice.* Counseling Today. Polyvagal theory in practice - Counseling Today

Warren, S. (2019, April 21). *What is Pandiculation?* Somatic Movement Center. https://somaticmovementcenter.com/pandiculation-what-is-pandiculation/

Winn, A. (2019, August 15). *Energy Psychology Demonstration - Correct Demo of Cooks Hook Up.* (3) Energy psychology demonstration - Correct demo of Cooks Hookup - YouTube

Yates, B. (2013, September 28). *Self-Love in About Five Minutes - Tapping with Brad Yates.* https://www.youtube.com/watch?v=tLWTzQWa2hg

Yates, B. (2014, February 28). *Self-Compassion - Tapping with Brad Yates.* https://www.youtube.com/watch?v=KHydpkmWydI

Yates, B. (2020, August 31). *Narcissists (Getting Free from Past or Present Pain) - Tapping with Brad Yates.* Narcissists (getting free from past or present pain) - Tapping with Brad Yates - YouTube

Zhang, M., Zhang, Y. & Kong, Y. (2020, May 18). *Interaction Between Social Pain and Physical Pain.* SAGE Journals. https://doi.org/10.26599%2FBSA.2019.9050023

Zwerican, A & Joseph, S. (2018, October 1). *Focusing Manner and Posttraumatic Growth.* Core. https://www.focusing.org.uk/an-introduction-to-focusing